केदारनाथ सिंह

केदारनाथ सिंह का जन्म 7 जुलाई, 1934 को बलिया, उत्तर प्रदेश के चकिया गाँव में हुआ। 'आधुनिक हिन्दी कविता में बिम्बविधान' विषय पर 1964 में पी-एच.डी.। 1976 से 1999 तक जवाहरलाल नेहरू विश्वविद्यालय के भारतीय भाषा केन्द्र में अध्यापन।

प्रकाशित कृतियाँ हैं—'अभी, बिलकुल अभी', 'ज़मीन पक रही है', 'यहाँ से देखो', 'अकाल में सारस', 'उत्तर कबीर और अन्य कविताएँ', 'तालस्ताय और साइकिल', 'बाघ', 'सृष्टि पर पहरा', 'मतदान केन्द्र पर झपकी', 'प्रतिनिधि कविताएँ' (काव्य-संग्रह); 'कल्पना और छायावाद', 'आधुनिक हिन्दी कविता में बिम्बविधान', 'मेरे समय के शब्द', 'कब्रिस्तान में पंचायत' (गद्य-कृतियाँ) तथा 'मेरे साक्षात्कार' (संवाद)।

अनेक पुरस्कारों से सम्मानित हुए जिनमें प्रमुख हैं : 'ज्ञानपीठ पुरस्कार', 'साहित्य अकादेमी पुरस्कार', 'व्यास सम्मान', 'मैथिलीशरण गुप्त सम्मान' (मध्यप्रदेश), 'कुमारन आशान पुरस्कार' (केरल), 'दिनकर पुरस्कार' (बिहार), 'जीवन भारती सम्मान', 'भारत भारती सम्मान', 'गंगाधर मेहर राष्ट्रीय कविता सम्मान' (उड़ीसा), 'जाशुआ सम्मान' (आन्ध्र प्रदेश) आदि।

निधन : 19 मार्च, 2018

संध्या सिंह

दिल्ली विश्वविद्यालय से हिन्दी साहित्य में एम.ए., एम.फिल.। जवाहरलाल नेहरू विश्वविद्यालय से पी-एच.डी.। एनसीईआरटी में प्रोफ़ेसर हैं।

'निराला का गीतकाव्य', 'निराला के काव्य का राजनीतिक सन्दर्भ' और 'रचना की ज़मीन' नाम से तीन आलोचनात्मक किताबें प्रकाशित। 'बात से बात' शीर्षक एक सम्पादित पुस्तक भी प्रकाशित। एनसीईआरटी में रहते हुए भाषा की पढ़ाई, मीडिया, सृजनात्मक लेखन, अनुवाद सम्बन्धी लगभग बीस किताबों का लेखन और सम्पादन। 'समझ का माध्यम' तथा 'वीरगाथा : स्टोरीज़ ऑफ़ परमवीर चक्र एवार्डी' (सह-लेखन) किताबें एनसीईआरटी से प्रकाशित।

ई-मेल : sandhya.ncert@gamil.com

रचना सिंह

दिल्ली विश्वविद्यालय से एम.ए., एम.फिल. एवं पी-एच.डी.। हिन्दू कॉलेज, दिल्ली विश्वविद्यालय में प्रोफ़ेसर हैं। 'मेरे साक्षात्कार' शीर्षक से कवि केदारनाथ सिंह के साक्षात्कारों का सम्पादन तथा 'नैनसी का धूड़ा' शीर्षक से स्वयं प्रकाश की ग्रामीण कहानियों का संचयन। 'आलोचना', 'बनास जन', 'चौपाल' और अन्य पत्र-पत्रिकाओं में लेख प्रकाशित। कुछ अरसा स्विट्ज़रलैंड में अध्यापन।

ई-मेल : roliraavi.1969@gmail.com

स्मृति में जीवन

केदारनाथ सिंह

चयन एवं संपादन

संध्या सिंह • रचना सिंह

राजकमल पेपरबैक्स

राजकमल पेपरबैक्स में
पहला संस्करण : 2022
दूसरा संस्करण : 2024

राजकमल पेपरबैक्स : उत्कृष्ट साहित्य के जनसुलभ संस्करण

राजकमल प्रकाशन प्रा.लि.
1-बी, नेताजी सुभाष मार्ग, दरियागंज
नई दिल्ली-110 002
द्वारा प्रकाशित

शाखाएँ : अशोक राजपथ, साइंस कॉलेज के सामने, पटना-800 006
पहली मंजिल, दरबारी बिल्डिंग, महात्मा गांधी मार्ग, प्रयागराज-211 001
1, अनमोल सोराबजी संतुक लेन, धोबी तलाव, मरीन लाइंस, मुम्बई-400 002

वेबसाइट : www.rajkamalprakashan.com
ई-मेल : info@rajkamalprakashan.com

विकास कंप्यूटर एंड प्रिंटर्स
ट्रॉनिका सिटी-201 102
द्वारा मुद्रित

मूल्य : ₹250

SMRITI MEIN JEEVAN
Memoirs & Poetry by Kedarnath Singh
Anthology by Sandhya Singh & Rachna Singh

ISBN : 978-93-92757-98-3

स्मृतिहीनता के विरुद्ध शब्दों का संघर्ष

'स्मृति में जीवन' कवि केदारनाथ सिंह की संवेदना में हवा-पानी की तरह मौजूद कुछ बेहद ज़रूरी लोगों के होने की यात्रा है। एक व्यक्ति और विशेष तौर पर एक कवि की दृष्टि जब किसी अन्य व्यक्ति, यहाँ तक कि किसी पेड़-पौधे, कीट-पतंग या प्रकृति के किसी भी उपादान पर जाती है, तो प्रकृति के उस घटक के साथ-साथ कवि की आन्तरिक दृष्टि का भूगोल भी आकार लेने लगता है। केदारनाथ सिंह के यहाँ इस संश्लेष से जो स्मृति-बिम्ब निर्मित होते हैं, उनसे कवि का अनूठा संस्मरणकार रूप सामने आता है।

केदारनाथ सिंह के पास स्मृतियों का विपुल कोश था और बतकही का निराला अन्दाज़। अपने वरिष्ठ और समकालीन साहित्यकारों, अपने गाँव-जवार के बेशुमार लोगों के सैकड़ों आत्मीय संस्मरण वे अपनी ख़ास अदा से सुनाते थे। उनकी कवि-यात्रा में ये जीवन्त चरित्र भिन्न-भिन्न स्वरूप में आदि से अन्त तक मिलते हैं। दरअसल उनकी कविता केवल अनुभूत जीवन की नहीं, बल्कि जिये गए जीवन की कविता है। उनके रचना-कर्म का एक अत्यन्त महत्त्वपूर्ण पक्ष है, स्मृतिहीनता के विरुद्ध शब्दों का संघर्ष। कविता में वे केवल अपनी व्यक्तिगत स्मृतियों से ही नहीं, सभ्यता की स्मृतियों से भी संवाद करते हैं, जिससे उनकी कविता

अपनी गहरी स्थानीयता और तात्कालिकता से निबद्ध होकर भी सार्वकालिक बनी रहती है।

इस पुस्तक की योजना मूल रूप से कवि ने स्वयं बनाई थी। उस योजना को आकार देने के क्रम में हमने इन संस्मरणों को विभिन्न पुस्तकों तथा पत्रिकाओं इत्यादि से इकट्ठा किया और व्यवस्थित कर पुस्तक का आकार दिया है। यह पुस्तक तीन खंडों में विभाजित है—'वरेण्य', 'सहचर' और 'अनाम बन्धु'। कवि की यात्रा में घुले-मिले ये व्यक्तित्व खोजने से कवि के भीतर कहीं पैठे हुए दिखाई पड़ सकते हैं। स्मृतियों की इस यात्रा में जो लोग मिले, वे कवि की बनावट और जीवन में किसी-न-किसी रूप में बने रहे। यह यात्रा उन विशिष्ट लोगों के साथ ही कवि को भी जानने और समझने में सहायक होगी, इस उम्मीद के साथ यह पुस्तक आपके सामने है। आशा है, कवि के इन व्यक्तिपरक स्मृति-चित्रों से न केवल एक विलक्षण संस्मरणकार के दर्शन होंगे, बल्कि उनकी चरित्र-प्रधान कविताओं का मर्म भी उद्‌घाटित होगा।

—संध्या सिंह
रचना सिंह

क्रम

वरेण्य

सहचर

अनाम बन्धु

वरेण्य

नई कविता के मंच पर भिखारी ठाकुर

'कहत भिखारी भिखार होई गइलीं, दौलत बहुत कमा के'—भिखारी ठाकुर ग्रन्थावली को उलटते हुए एक दिन अचानक इस पंक्ति पर दृष्टि पड़ी और मैं ठिठक गया। लोककवि भिखारी ठाकुर की इस भोजपुरी पंक्ति का यदि हिन्दी रूपान्तर करना जरूरी हो ही तो कहा जा सकता है—मैंने इतना धन कमाया कि दरिद्र हो गया। यह उनकी प्रसिद्ध नृत्य-नाटिका 'बिदेसिया' के नायक का कथन है, जो धन कमाने कलकत्ता गया है। प्रचुर धनार्जन और उसके भरपूर उपयोग के बाद जैसे उसको आत्मसाक्षात्कार होता है और उसके मुँह से यह पंक्ति बेसाख़्ता फूट पड़ती है। मुझे लगा, जैसे यह धन तथा सुख-सुविधा के पीछे पागल उत्तर-आधुनिक समाज पर एक सख़्त और तिलमिला देनेवाली टिप्पणी है। भिखारी ठाकुर ऐसे ही सीधे-सादे मगर दूरगामी अर्थ-संकेतों के सर्जक थे। भोजपुरी समाज में उनकी लोकप्रियता का यही रहस्य है और इसी के चलते कभी राहुल सांकृत्यायन ने कहा था कि 'भिखारी ठाकुर भोजपुरी के अनगढ़ हीरा हैं।'

पर अपनी पिछली कुछ यात्राओं में मैंने पाया कि इस अनगढ़ हीरे की चमक की पहचान उसके अपने समाज में थोड़ी धुँधली पड़ने लगी है। मुझे याद है कि मेरे बचपन के दिनों में और उसके काफ़ी बाद तक, भिखारी ठाकुर के गीत पूरे भोजपुरी वायुमंडल में गूँजते रहते थे और यदि कहीं अपनी पूरी मंडली के साथ वे स्वयं किसी बरात या उत्सव में आ गए तो फिर भीड़ पर नियंत्रण के लिए पुलिस की व्यवस्था करनी पड़ती थी। वे सच्चे अर्थों में लोक कलाकार थे जो

मौखिक परम्परा के भीतर से उभरकर आए थे। पर उनके नाटक और गीत हमें लिखित रूप में उपलब्ध हैं। लिखित और उच्चरित की सहज घुलावट भाषा में कैसी ताक़त पैदा करती है, भिखारी के नाटक इसके सर्वोत्तम उदाहरण हैं। वे एक लोक-सजग कलाकार थे, इसलिए कोरा मनोरंजन उनका उद्देश्य नहीं था। उनकी हर कृति किसी न किसी सामाजिक विकृति या कुरीति पर चोट करती है और ऐसा करते हुए उनका सबसे धारदार हथियार होता है—व्यंग्य। इस अनगढ़ कलाकार के नाटकों की तुलना ब्रेश्ट के नाटकों से करना, दोनों के साथ ज़्यादती होगी पर दोनों में एक आश्चर्यजनक समानता है कि दोनों संदेश देते हैं और फिर भी अपनी कृति को पूरी ऊर्जा के साथ कलाकृति बनाए रखते हैं।

पर जैसाकि मैंने कहा, भोजपुरी समाज इस समय इस संदेशवाहक कलाकार को भूलने के दौर से गुज़र रहा है। जब-तब गोष्ठियों में उनकी चर्चा होती है, कुछ विश्वविद्यालयों में शोधकार्य भी हो रहे हैं, पर सचाई यह है कि एक जीता-जागता साहित्य महज़ अकादमिक दिलचस्पी का विषय बनकर रह गया है। एक और मूलभूत परिवर्तन यह हुआ है कि वह पूरा साहित्य अपने लोक-परिवेश से कटकर शहरों की मेज़ों या मंचों पर आ गया है और गाँव लगभग पूरी तरह उसकी अनुगूँजों से ख़ाली हो गए हैं।

एक दुर्भाग्यपूर्ण स्थिति मैंने यह देखी कि भोजपुरी समाज इस समय लोक-संगीत के स्तर पर एक सांस्कृतिक विघटन के दौर से गुज़र रहा है। यदि ब्याह-शादी के दिनों में आप किसी गाँव या क़स्बे में चले जाएँ तो रुचिभ्रष्ट और अश्लील गीतों से पूरा माहौल गूँजता जान पड़ेगा। यह तथाकथित 'पॉप' संगीत का विकृत भोजपुरी संस्करण है, जिसका आक्रमण एक पूरा भाषिक समुदाय चुपचाप बर्दाश्त कर रहा है। भिखारी ठाकुर और कुछ अन्य छोटे-मोटे लोक कलाकारों के गीतों से ख़ाली हुए परिवेश को इसी तरह के गीतों से भरने का जैसे एक षड्यंत्र चल रहा है। यह गाँव की संस्कृति पर बाज़ार का हमला है और सबसे दु:खद बात यह है कि इसमें वहाँ का एक अच्छा-ख़ासा नवधनाढ्य तबका रस भी ले रहा है।

मुझे लगता है कि एक ऐसे माहौल में भिखारी ठाकुर के गीतों और नाटकों की सार्थकता और बढ़ जाती है और उनकी सहजग्राह्य और संदेश-अभिमुख कृतियों का प्रचार-प्रसार एक स्वस्थ विकल्प की सृष्टि कर सकता है। एक अच्छी बात यह है कि उनकी बनावट में अपने समय की 'पॉप' कला के सकारात्मक तत्त्वों का विलक्षण विनियोजन किया गया है। ज़रूरत सिर्फ़ इस बात की होगी कि परम्परागत धुनों के साथ-साथ कोशिश यह भी की जाए कि उन गीतों में जो लयगत लचीलापन है, उसकी सांगीतिक सम्भावनाओं का नए सन्दर्भ में उद्घाटन किया जाए।

पर सचाई यह है कि भिखारी ठाकुर के गीत सिर्फ़ आनुषंगिक हैं। वे अपनी पूरी अर्थवत्ता अपने नाट्य-प्रसंगों के बीच ही अर्जित करते हैं। जिन्होंने इस कलाकार को मंच पर देखा होगा, वे कल्पना कर सकते हैं कि उसकी उपस्थिति मात्र से पूरा मंच किस तरह बोलने लगता था। मैंने इस दृश्य को अनेक रंगों में और अनेक अवसरों पर देखा था। मैं यहाँ सिर्फ़ एक प्रसंग का उल्लेख करना चाहूँगा। अगर भूलता नहीं तो यह 1963 की बात है। तब डॉ. विजय मोहन सिंह आरा (बिहार) के महाराजा कॉलेज में प्राध्यापक थे। उनकी पहल पर कुछ अन्य मित्रों ने उनके साथ मिलकर एक विचार-गोष्ठी का आयोजन किया था। यह बताना अप्रासंगिक न होगा कि बिहार के छोटे शहरों में जैसी साहित्यिक जागरूकता पाई जाती है, वैसी शायद अन्य हिन्दी प्रदेशों में कहीं नहीं। आरा इन छोटे शहरों में भी बौद्धिक सक्रियता के लिहाज से सबसे आगे रहा है और किन्हीं अर्थों में आज भी है।

जिस समय की चर्चा कर रहा हूँ, उस समय भिखारी ठाकुर मंच से विरत हो चुके थे और उनकी कलाकार-मंडली भी बिखर चुकी थी। वे अपना शेष समय अपने गाँव में बिता रहे थे—अपने लोगों के बीच और अपनी सारी शोहरत को लगभग भुलाकर। उनका गाँव आरा जिले में ही पड़ता था—जहाँ संगोष्ठी आयोजित थी, उससे कोई 10 किलोमीटर की दूरी पर। विचार का विषय ठीक-ठीक क्या था, मुझे याद नहीं। पर था वह नई कविता के बारे में ही—जो उन दिनों चर्चा में थी।

मेरे साथ मंच पर, स्थानीय साहित्यकारों के अलावा राजकमल चौधरी भी मौजूद थे। मैंने ग़ौर किया, जब भी कोई वक्ता बोलता था, राजकमल अपनी नोटबुक में कुछ लिखने लगते थे। बाद में पता चला, लिख वे कुछ नहीं रहे थे, सिर्फ़ वक्ताओं के व्यंग्य-चित्र बना रहे थे। यह गोष्ठी की ऊब से बचने का उनका अपना तरीक़ा था।

मैंने देखा, सामने जो श्रोतामंडली बैठी थी, उसमें कुछ ऊँघ रहे थे और कुछ लगातार बातें किए जा रहे थे। तभी मेरी दृष्टि एक पगड़ीधारी वृद्ध व्यक्ति पर पड़ी जो शामियाने के एक सिरे पर एक खम्भे से पीठ टिकाए बैठा था। मुझे पहचानते देर न लगी—ये भिखारी ठाकुर थे, जो बड़े ध्यान से भाषण को सुने जा रहे थे। मैंने संयोजक से निवेदन किया कि उन्हें मंच पर बुलाया जाए। पहले तो वे तैयार न हुए, फिर बहुत अनुनय-विनय के बाद उन्हें मंच पर लाया गया। नई कविता के मंच पर भिखारी ठाकुर—यह दृश्य अकल्पनीय था, पर मेरे सामने घटित हो रहा था। भाषणों के कार्यक्रम को वहीं रोककर मैंने माइक भिखारी ठाकुर की तरफ़ बढ़ा दिया और आग्रह किया कि वे कुछ कहें। माइक हाथ में लेते ही उनका वार्द्धक्य न जाने कहाँ ग़ायब हो गया। पहले उन्होंने रामायण की एक चौपाई पढ़ी—वही मंगलाचरण वाली—और उसके बाद बताना शुरू किया कि उन्होंने किस तरह अपने पैतृक छुरा-कैंची (वे जाति के नाई थे) को छोड़कर नाचने-गाने की दुनिया में प्रवेश किया। इस सन्दर्भ में उन्होंने अपने एक गीत की एक पंक्ति का जिक्र किया—'छुरा छूटल नाच के जरि से।' इसका हिन्दी रूपान्तर कुछ इस तरह किया जा सकता है कि मैंने नाचना शुरू किया और मेरे हाथ से छुरा गिर पड़ा। वे देर तक इसी पंक्ति पर टिके रहे और अपनी ख़ास शैली में उसकी व्याख्या करते रहे। उनकी बातों की रोशनी में, इस पंक्ति के भीतर मुझे एक और बड़ा अर्थ कौंध गया, जो नृत्य की रचना और छुरे के हाथ से गिर जाने के रूपक में निहित था।

एक लोक कलाकार की यह सीधी-सादी पंक्ति मुझे आज भी चमत्कृत करती है और कला की मूल प्रकृति को समझने की कुंजी की तरह लगती है।

यह बताना अनावश्यक है कि भिखारी ठाकुर के उस संक्षिप्त-से वक्तव्य के बाद हम भूल ही गए कि गोष्ठी नई कविता पर हो रही थी। पर मेरा ख़याल है, उस गोष्ठी का इससे बेहतर समापन नहीं हो सकता था—जो कि एक तरह से नई कविता के नएपन के पक्ष में दिए गए सारे तर्कों का सबसे सटीक उत्तर भी था।

भिखारी ठाकुर*

विषय कुछ और था
शहर कोई और
पर मुड़ गई बात भिखारी ठाकुर की ओर
और वहाँ सब हैरान थे यह जानकर
कि पीते नहीं थे वे
क्योंकि सिर्फ़ वे नाचते थे
और खेलते थे मंच पर वे सारे खेल
जिन्हें हवा खेलती है पानी से
या जीवन खेलता है
मृत्यु के साथ

इस तरह सूरज के कछार-सा
एक सपाट चेहरा
नाचते हुए बन जाता था
कभी घोर पियक्कड़
कभी वर की ख़ामोशी

---

* प्रसिद्ध भोजपुरी लोककवि (रचनाकाल इस सदी के तीसरे तथा छठे दशक के बीच), निर्देशक, लोक-अभिनेता तथा 'बिदेसिया' नामक लोकप्रिय 'नाच' (गीतनाटिका) के रचयिता।

वरेण्य

कभी घोड़े की हिनहिनाहट
कभी पृथ्वी का सबसे सुन्दर मूर्ख
और ये सारे चेहरे सच थे
क्योंकि सारे चेहरे हँसते थे एक गहरी यातना में
अपने मुखौटे के ख़िलाफ़
और महात्मा गांधी आकर
लौट गए थे चम्पारन से
और चौरीचौरा की आँच पर
खेतों में पकने लगी थीं
जौ-गेहूँ की बालियाँ

पर क्या आप विश्वास करेंगे
एक रात जब किसी खलिहान में चल रहा था
भिखारी ठाकुर का नाच
तो दर्शकों की पाँत में
एक शख़्स ऐसा भी बैठा था
जिसकी शक्ल बेहद मिलती थी
महात्मा गांधी से

इस तरह एक साँझ से
दूसरी भोर तक
कभी किसी बाज़ार के मोड़ पर
कभी किसी उत्सव के बीच की
ख़ाली जगह में
अनवरत चलता रहा
वह अजब बेचैन-सा चीख़-भरा नाच

जिसका आज़ादी की लड़ाई में
कोई ज़िक्र नहीं

पर मेरा ख़याल है
चर्चिल को सब पता था
शायद यह भी कि रात के तीसरे पहर
जब किसी झुरमुट में
ठनकता था गेहुँअन
तो नाच के किसी अँधेरे कोने से
धीरे-धीरे उठती थी
एक लम्बी और अकेली
भिखारी ठाकुर की आवाज़
और ताल के जल की तरह
हिलने लगती थीं
बोली की सारी
सोई हुई क्रियाएँ

और अब यह बहस तो चलती ही रहेगी
कि नाच का आज़ादी से
रिश्ता क्या है
और अपने राष्ट्रगान की लय में
वह ऐसा क्या है
जहाँ रात-बिरात जाकर टकराती है
बिदेसिया की लय।

हजारीप्रसाद द्विवेदी
पडरौना के किसानों का धीरज और 'कामायनी'

पडरौना इन दिनों चर्चा में है। इसलिए नहीं कि वहाँ के लोगों के जीवन और उस उपेक्षित अंचल में कोई चमत्कार घटित हो गया। बल्कि इसलिए कि लोगों की ज़िन्दगी में मिठास भरनेवाले उन गन्ना-उत्पादक किसानों की निहत्थी भीड़ पर गोलियाँ चलाई गईं, जिसमें कम से कम एक युवक की मृत्यु हो गई। मैं वहाँ लम्बे समय तक रह चुका हूँ, इसलिए वहाँ की काली मिट्टी और लोगों के धूल-भरे चेहरों को थोड़ा-बहुत जानता हूँ। साठ के दशक के शुरू में जब पहली बार वहाँ पहुँचा था तो बताया गया—यहाँ की दो चीज़ें मशहूर हैं—गुड़ और धूल। मैंने पाया कि धूल तो ज्यों की त्यों थी, पर चीनी की प्रतिस्पर्द्धा में गुड़ बहुत पिछड़ गया था। आप वहाँ जाएँ तो दूर से ही दो चीज़ें आपका स्वागत करेंगी—चीनी मिलों की चिमनी से उठता धुआँ और सड़ते शीरे की तीव्र गंध। इनके साथ समझौता करने का माद्‌दा आप में हो तो आप वहाँ टिक सकते हैं। और हाँ, मैं तो भूल ही गया—एक तीसरी चीज़ भी है—मच्छर। पहले दो से तो चलिए आपकी पट भी गई। पर तीसरे से पटना ज़रा मुश्किल है। अब इतने दिनों बाद आश्चर्य होता है कि इन तीनों के साथ एक चुपचाप रिश्ता बनाकर मैंने किस तरह पूरे चौदह वर्ष काट दिए थे उस छोटे-से शहर में।

पूर्वी उत्तर प्रदेश के उत्तर में बसा यह छोटा-सा शहर इस समय चर्चा में है। मुझे याद नहीं आता कि इससे पहले उस शहर में कोई गोलीकांड हुआ

हो। वह बुद्ध का जनपद है। वहाँ से कोई बीस किलोमीटर की दूरी पर बुद्ध की दाह-स्थली है, जहाँ रामाभार स्तूप खड़ा है। यह वही इलाक़ा है जहाँ कभी मल्ल गणतंत्र होता था। मेरा अनुभव है कि बर्दाश्त करने की जैसी क्षमता वहाँ के लोगों—ख़ास तौर से छोटे किसानों में है, वैसी शायद और कहीं न मिले। गन्ने की क़ीमत पहले भी देर से मिलती थी। छोटे-छोटे प्रदर्शन होते थे और देर-सबेर कोई न कोई हल निकल आता था। पर इस बार पूरे तीन वर्षों से भुगतान रुका हुआ है जिसका जिक्र करते हुए एक मित्र ने वहाँ से लिखा है—'पडरौना जल रहा है।'

सचाई यह है कि उस पूरे जनपद का जो आर्थिक ढाँचा है, उसकी धुरी है गन्ना। गन्ने के खेत में गन्ने के अलावा कुछ नहीं होता—क्योंकि वह इतना समय लेता है कि दूसरी फ़सल की गुंजाइश ही नहीं होती। गन्ने की ख़ूबी यह है कि वह खाया नहीं जाता, सिर्फ़ बेचा जाता है। उसका ख़रीदार भी सिर्फ़ एक ही होता है—निकटतम चीनी मिल का वह काउंटर जिसके सामने सैकड़ों बैलगाड़ियों की भीड़ निरन्तर लगी रहती है। कभी इन मिलों की मिल्कियत कुछ बड़े औद्योगिक घरानों के हाथ में होती थी, पर डेढ़-दो दशकों में मिल्कियत का यह परम्परागत ढाँचा बदला है। आज से कोई 25-26 साल पहले परिवर्तन की यह प्रक्रिया शुरू हुई थी। पहले खस्ताहाल मिलों को सरकार ने क़ब्ज़े में लिया, फिर सरकार के हाथों से चुपचाप ज़्यादातर चीनी मिलें उन तत्त्वों के हाथों में चली गईं, जिन्हें आज की भाषा में 'बाहुबली' कहा जाता है। किसानों की त्रासदी की कहानी यहीं से शुरू होती है। मैं उस छोटे-से शहर में काफ़ी अरसे तक एक पोस्टग्रेजुएट कॉलेज का प्रिंसिपल रह चुका हूँ। मुझे याद है कि छात्रों के अभिभावकों के मुँह से अक्सर एक शब्द सुनने को मिलता था—'पुर्जी'। यह एक तरह से उस क्षेत्र के आर्थिक ढाँचे का बीज शब्द है। यह वह क़ीमत है—यानी क़ीमत के नाम पर एक छोटा-सा काग़ज़ का टुकड़ा, जो गन्ने के बदले में किसान को मिलता है और वह अपने भाग्य की कुंडली की तरह उसे सहेजकर रखता है। कई बार ऐसा होता था कि फ़ीस के नाम पर छात्र उस छोटी-सी पुर्जी को लेकर कार्यालय

में पहुँचता था और कहता था—पैसे नहीं हैं, इस पुर्जी को रख लीजिए। अब आप कल्पना कीजिए कि ये वही पुर्जियाँ हैं, जिन्हें किसान अपनी गाँठ में बाँधे हुए पिछले तीन वर्षों से दफ़्तरों की ख़ाक छान रहा है। जीवन की सारी मिठास को उड़ेलकर जो गन्ना उगाया जाता है, उसके बदले में मिलने वाली इस पुर्जी की भी एक कहानी है। कई बार उसे भुनाने की कोशिश और उसके न भुनने की निराशा से जब किसान थक और ऊब जाता है तो फिर वह मंडी में जाता है और उसे औने-पौने दाम पर दुकानदार को बेच आता है। सुना है, इधर बरसों से रुके पड़े भुगतान के डर से मंडी के कारोबारियों ने भी पुर्जी लेने से इनकार कर दिया है। यानी वह जादुई पुर्जी अब खोटा सिक्का है, जिसकी न तो बाज़ार में कोई क़ीमत है, न किसान के घर में। नतीजा है, किसानों के भीतर का वह विस्फोटक असन्तोष जो अचानक एक ज्वाला की तरह फूट पड़ा है। इसकी फलश्रुति क्या होगी, मैं नहीं जानता। पर इस कड़वी सचाई को तो जानता ही हूँ कि ऐसे तमाम विस्फोटों की फलश्रुति क्या होती है!

पर यहाँ एक छोटी-सी घटना का उल्लेख करना चाहूँगा। जिन दिनों मैं वहाँ प्रिंसिपल था तो एक बार अपने गुरु आचार्य हजारीप्रसाद द्विवेदी को कॉलेज में आमंत्रित किया था। वे थोड़े अस्वस्थ थे, पर आए और आए तो पूरे तीन दिनों तक मेरे पास रुके रहे। कार्यक्रम के दूसरे दिन सुबह-सुबह बोले, "मैं इस जनपद की मिट्टी को ज़रा नज़दीक से देखना चाहता हूँ।" मैंने गाड़ी मँगवाई और उनके साथ पडरौना के उत्तर की तरफ़ निकल पड़ा। वह देश के सबसे पिछड़े इलाक़ों में से एक है। जीप चल रही थी और पंडितजी लगातार उस क्षेत्र की मिट्टी की महिमा का बखान कर रहे थे। उनका विश्वास था कि यह वही रास्ता है, जिससे होकर बुद्ध गया की ओर गए होंगे। फिर सड़क के किनारे अचानक एक विराट वृक्ष दिखाई पड़ा—लगभग एक महावृक्ष। वह बहुत पुराना था, इतना कि एक झंखाड़ की तरह लग रहा था। फिर भी अपनी पूरी आन्तरिक ऊर्जा के साथ खड़ा था और झूम रहा था। उन्होंने गाड़ी रुकवाई और नीचे उतरकर कुछ रोमांचित से उस झंखाड़ के नीचे खड़े-खड़े बोले—यह अपना पुरखा है। माथा झुकाया और

फिर गाड़ी में बैठ गए। कुछ दूर आगे जाने पर पडरौना जनपद का वह हिस्सा शुरू होता था जो सबसे पिछड़ा हुआ और सबसे निर्धन था। मिट्टी के घरों और झोंपड़ियों के सामने जो चेहरे दिखाई पड़ते थे, उनमें एक अद्भुत कुतूहल था और एक ऐसी गहरी निरीहता, जिसका सामना करना आसान न था। पंडितजी कुछ विचलित से लगे। कुछ दूर आगे जाने पर अचानक बोले—"चलो, अब लौटते हैं। मैंने हिन्दुस्तान का असली चेहरा देख लिया।" उस कच्ची सड़क से लौटते हुए वे लगातार लगभग चुप रहे जो उनकी प्रकृति के विरुद्ध था। घर पहुँचा तो मेरे छात्रों का एक दल प्रतीक्षा कर रहा था। छात्रों ने पंडितजी से आग्रह किया कि वे उनसे कुछ पढ़ना चाहते हैं। "क्या पढ़ना चाहते हो?"—यह पूछने पर उन्होंने 'कामायनी' का नाम लिया। फिर तो मेरे मना करने के बावजूद, वहीं बरामदे में छात्र ज़मीन पर बैठ गए और पंडितजी ने पढ़ाना शुरू किया। बोले, 'सिर्फ़—एक छन्द पढ़ाऊँगा।' छन्द था—

विश्व की दुर्बलता बल बने
पराजय का बढ़ता व्यापार
हँसाता रहे उसे सविलास
शक्ति का क्रीड़ामय संचार।

इसमें भी ज़ोर उनका पहली पंक्ति पर था। उनका कहना था कि यह 'कामायनी' की केन्द्रीय पंक्ति है और देर तक उसकी व्याख्या करते रहे। मैं समझ नहीं पाया कि पूरी 'कामायनी' में उस समय उन्होंने यही पंक्ति क्यों चुनी? पर आज इतने दिनों बाद थोड़ा-थोड़ा उनका आशय समझ पा रहा हूँ। असल में अभी कुछ देर पहले, वे दुनिया की सबसे लाचार दुर्बलता का एक हिला देनेवाला दृश्य देखकर लौटे थे। वे उससे कहीं गहरे में विचलित और आहत थे और उस निरीह दुर्बलता के भीतर से किसी सोई हुई शक्ति के उदय की कामना कर रहे थे। उनके सोचने का यही ढंग था। कहना ज़रूरी नहीं कि वहाँ जो छात्र बैठे थे, उनमें से ज़्यादातर उसी क्षेत्र के रहनेवाले थे। सोचता हूँ, यदि आज

आचार्य द्विवेदी होते तो उन्हें यह पडरौना-कांड कैसा लगता? कैसा लगता उन्हें यह जानकर कि इन्तज़ार करने का पहाड़ जैसा धीरज रखनेवाले वे सीधे-सरल लोग जो उन्हें जातक कथाओं के पात्रों की तरह लगे थे अब और इन्तज़ार करने को तैयार नहीं हैं। मुझे विश्वास है, उन्हें एक गहरी आश्वस्ति होती और वे एक मंत्र की तरह उसी टुकड़े को बार-बार बुदबुदाते—'विश्व की दुर्बलता बल बने।'

मंच और मचान

(उदय प्रकाश के लिए)

(नोट : चीना बाबा को—जो असल में एक वृद्ध चीनी भिक्खु थे—मैंने देखा था। यह उनके निर्वाण से कुछ दिन पहले की बात है। उनकी स्मृति में एक छोटा-सा भवन वहाँ आज भी है—स्तूप से कुछ हटकर। बाक़ी सब—जैसे प्रधानमंत्री का आना!, बरगद का काटा जाना और भिक्खु का प्रतिरोध—अब वहाँ लोक-स्मृति का हिस्सा है।)

पत्तों की तरह बोलते
और तने की तरह चुप
एक ठिगने से चीनी भिक्खु थे वे
जिन्हें उस जनपद के लोग कहते थे
चीना बाबा

कब आए थे वे रामाभार स्तूप पर
यह कोई नहीं जानता था
पर जानना ज़रूरी भी नहीं था
उनके लिए तो बस इतना ही बहुत था
कि वहाँ स्तूप पर खड़ा है

वरेण्य

चिड़ियों से जगर-मगर एक युवा बरगद
बरगद पर मचान है
और मचान पर रहते हैं वे
जाने कितने समय से
अगर भूलता नहीं तो यह पिछली सदी के
पाँचवें दशक का कोई एक दिन था
जब सड़क की ओर से भोंपू की आवाज़ आई—
'भाइयो और बहनो,
प्रधानमंत्री आ रहे हैं स्तूप को देखने—'

प्रधानमंत्री!
खिल गए लोग
जैसे कुछ मिल गया हो सुबह-सुबह
पर कैसी विडम्बना
कि वे जो लोग थे
सिर्फ़ नेहरू को जानते थे
प्रधानमंत्री को नहीं!

सो इस शब्द के अर्थ तक पहुँचने में
उन्हें काफी दिक़्क़त हुई
फिर भी सुर्ती मलते और बोलते-बतियाते
पहुँच ही गए वे वहाँ तक
कहाँ तक?
यह कहना मुश्किल है

कहते हैं—प्रधानमंत्री आए

उन्होंने चारों ओर घूमकर देखा स्तूप को
फिर देखा बरगद को
जो खड़ा था स्तूप पर

पर न जाने क्यों
वे हो गए उदास
(और कहते हैं--नेहरू अक्सर
उदास हो जाते थे)
फिर जाते-जाते एक अधिकारी को
पास बुलाया
कहा—देखो, उस विशाल बरगद को ग़ौर से देखो
उसके बोझ से टूटकर
गिर सकता है स्तूप
इसलिए हुक्म है कि देश-हित में
काट डालो बरगद
और बचा लो स्तूप को

यह राष्ट्र के भव्यतम मंच का आदेश था
जाने-अनजाने एक मचान के विरुद्ध
इस तरह उस दिन एक अद्‌भुत घटना घटी
भारत के इतिहास में
कि मंच और मचान
यानी एक ही शब्द के लम्बे इतिहास के
दोनों ओर-छोर
अचानक आ गए आमने-सामने

अगले दिन
सूर्य के घंटे की पहली चोट के साथ
स्तूप पर आ गए—
बढ़ई
मज़दूर
इंजीनियर
कारीगर
आ गए लोग दूर-दूर से

इधर अधिकारी परेशान
क्योंकि उन्हें पता था
ख़ाली नहीं है बरगद
कि उस पर एक मचान है
और मचान भी ख़ाली नहीं
क्योंकि उस पर रहता है एक आदमी
और ख़ाली नहीं आदमी भी
क्योंकि वह ज़िन्दा है
और बोल सकता है

क्या किया जाए?
हुक्म दिल्ली का
और समस्या जटिल
देर तक खड़े-खड़े सोचते रहे वे
कि सहसा किसी एक ने
हाथ उठाए प्रार्थना की—
'चीना बाबा,

ओ...ओ...चीना बाबा!
नीचे उतर आओ
बरगद काटा जाएगा'
'काटा जाएगा?
क्यों? लेकिन क्यों?'
जैसे पत्तों से फूटकर जड़ों की आवाज़ आई

'ऊपर का आदेश है—'
नीचे से उतर गया

'तो शुनो'—भिक्खु अपनी चीनी गमक वाली
हिन्दी में बोला—
'चाये काट डालो मुझी को
उतरूँगा नईं
ये मेरा घर है'!
भिक्खु की आवाज़ में
बरगद के पत्तों के दूध का बल था

अब अधिकारियों के सामने
एक विकट सवाल था—एकदम अभूतपूर्व
पेड़ है कि घर—
यह एक ऐसा सवाल था
जिस पर क़ानून चुप था

इस पर तो कविताएँ भी चुप हैं—
एक कविता-प्रेमी अधिकारी ने

धीरे से टिप्पणी की

देर तक
दूर तक जब कुछ नहीं सूझा
तो अधिकारियों ने राज्य के उच्चतम
अधिकारी से सम्पर्क किया
और गहन छानबीन के बाद पाया गया—
मामला भिक्खु के चीवर-सा
बरगद की लम्बी बरोहों से उलझ गया है
हारकर-पाछकर अन्ततः तय हुआ
दिल्ली से पूछा जाए

और कहते हैं—
दिल्ली को कुछ भी याद ही नहीं था
न हुक्म
न बरगद
न दिन
न तारीख़
कुछ भी-कुछ भी याद ही नहीं था
पर परत-दर-परत
जब इधर से बताई गई स्थिति की गम्भीरता
और उधर लगा कि अब भिक्खु का घर
यानी वह युवा बरगद
कुल्हाड़े की धार से बस कुछ मिनट दूर है
तो ख़याल है कि दिल्ली ने जल्दी-जल्दी
दूत के ज़रिये बीजिंग से बात की

एक क़यास यह भी
कि अब शायद माओ की मेज़ तक गई

अब यह कितना सही है
कितना ग़लत
साक्ष्य नहीं कोई कि जाँच सकूँ इसे
पर मेरा मन कहता है—
काश, यह सच हो
कि उस दिन
विश्व में पहली बार दो राष्ट्रों ने
एक पेड़ के बारे में बातचीत की

—तो पाठकगण
यह रहा एक धुँधला-सा प्रिंटआउट
उन लोगों की स्मृति का
जिन्हें मैंने खो दिया था बरसों पहले

और छपते-छपते इतना और
कि हुक्म की तामील तो होनी ही थी
सो जैसे-तैसे पुलिस के द्वारा
बरगद से नीचे उतारा गया भिक्खु को
और हाथ उठाए—मानो पूरे ब्रह्माण्ड में—
चिल्लाता रहा वह—
'घर है...ये...ये...मेरा घर है'

पर जो भी हो

वरेण्य

अब मौक़े पर मौजूद टाँगों-कुल्हाड़ों का
रास्ता साफ़ था
एक हल्का-सा इशारा और ठक्-ठक्
गिरने लगे वे बरगद की जड़ पर
पहली चोट के बाद ऐसा लगा
जैसे लोहे ने झुककर
पेड़ से कहा—माफ़ करना भाई,
कुछ हुक्म ही ऐसा है'!
और ठक्-ठक् गिरने लगा उसी तरह

उधर फैलती जा रही थी हवा में
युवा बरगद की कटती हुई छाल की
कच्ची गन्ध
और 'नहीं...नहीं...'
कहीं से विरोध में आती थी एक बुढ़िया की आवाज़
और अगली ठक् के नीचे दब जाती थी
जाने कितनी चहचह
कितने पंख
कितनी खांते
दबते जा रहे थे ठक् के नीचे
चलता रहा वह विकट संगीत
जाने कितनी देर तक

—कि अचानक
जड़ों के भीतर एक कड़क सी हुई
और लोगों ने देखा कि चीख़ न पुकार

बस झूमता-झामता एक शाहाना अन्दाज़ में
अरअराकर गिर पड़ा समूचा बरगद
सिर्फ़ 'घर'—वह शब्द
देर तक उसी तरह
टँगा रहा हवा में

तब से कितना समय बीता
मैंने कितने शहर नापे
कितने घर बदले
और हैरान हूँ मुझे लग गया इतना समय
इस सच तक पहुँचने में
कि उस तरह देखो
तो हुक्म कोई नहीं
पर घर जहाँ भी है
उसी तरह टँगा है!

निराला की आवाज़

बस इतना ही याद है
कि निराला बोल रहे थे

और गणित अवाक् था
विज्ञान बेचैन
भूगोल खोज रहा था
उस छोटे से हॉल में
बैठने की जगह
'क्या कहा...क्या कहा'
पूछ रही थी अंग्रेज़ी
अपने ऊँघते अध्यापक से—
बस यहीं तक याद है
बाक़ी सब आवाज़ है
ख़ालिस आवाज़
मेरी स्मृति की चट्टानों में
गूँजती
टकराती
पछाड़ खाती आवाज़

स्मृति में जीवन

कोई आधी सदी बाद
कल गया था देखने
शहर बनारस का वह पुराना स्कूल
मंच नहीं था
श्रोता नहीं थे
कोई शब्द नहीं था
सिर्फ़ एक—
'पत्रोत्कंठित' पेड़ वहाँ खड़ा था
और निराला बोल रहे थे।

अज्ञेय : अपने से बाहर है कवि का घर

समकालीन भारतीय साहित्य के विशाल परिदृश्य से अज्ञेय का अचानक उठ जाना एक अविश्वसनीय घटना है। इससे जो ख़ालीपन पैदा हुआ है, उसे उनके आत्मीयजन और प्रशंसक तो महसूस करेंगे ही, पर शायद उससे भी अधिक उसे वे लोग महसूस करेंगे, जो उनके आलोचक रहे हैं, क्योंकि अब वह चुनौती-भरा व्यक्तित्व हमारे बीच नहीं है, जो हर चीज़ को सर्वथा एक नई दृष्टि से देखने का क़ायल था और ऐसा करते हुए बड़े से बड़ा जोखिम उठाने को भी तैयार रहता था। बड़ा रचनाकार और विचारक वह होता है जो केवल समर्थक नहीं पैदा करता बल्कि दूसरों को अपनी मान्यताओं को परखने और उनसे बार-बार टकराने का आमंत्रण देता है। अज्ञेय को लेकर बहुत-सी चीज़ों के बारे में विवाद था, पर यह निर्विवाद रूप से कहा जा सकता है कि उनमें अपने से भिन्न विचारों को उकसाने, जगाने और झकझोरने की अद्‌भुत क्षमता थी। ऐसा वही कर सकता है जो अपनी मूलभूत मान्यताओं—चाहे जो भी हों—के प्रति गहरी निष्ठा रखता हो। अज्ञेय में वह गहरी निष्ठा थी और उसकी जड़ें कहीं बाहर नहीं, स्वयं उनकी अक्षय रचनात्मक ऊर्जा के भीतर थीं। यह रचनात्मक ऊर्जा ही अज्ञेय की सबसे बड़ी शक्ति थी। उनके विचारों में जो कई बार एक झकझोरने वाली ताक़त दिखाई पड़ती है, वह इसलिए कि वे कोरे विचार नहीं होते थे, बल्कि उनकी जड़ें भी उनकी रचना में ही होती थीं। रचना और विचार की जैसी घुलावट अज्ञेय के सर्जक व्यक्तित्व में सम्भव हुई थी, वैसी अन्यत्र कम ही मिलेगी।

अज्ञेय की चर्चा बहुत हुई, मूल्यांकन अपेक्षाकृत कम। उनके मूल्यांकन में उनका भव्य विवादास्पद व्यक्तित्व लगातार आड़े आता रहा है। फलत: उससे मुक्त होकर उनके कृतित्व को न तो उनके समर्थक देख सके, न ही उनके विरोधी। परन्तु इसमें रचनाकार अज्ञेय का दोष नहीं था कि उन्हें प्रकृति ने इस ख़ास तरह के साँचे में ढालकर बनाया था। वह जो थे वही थे—अपनी रचना में भी और उसके बाहर भी। वे अपने जीवन में जितने मौन थे, रचना में उनका यह मौन कुछ ज़्यादा ही भरा हुआ है। उनकी शुरू की कविताओं में यह मौन जब आता था तो वह एक सहज मौन होता था, अधिक खुला हुआ और जीवित मौन। 'हरी घास पर क्षण-भर' तक की कविताओं में इसे साफ़ तौर पर देखा जा सकता है। धीरे-धीरे वह मौन अधिक गरिमा-मंडित होता गया और इसीलिए अधिक असहज भी। फिर तो मौन का एक अपना दर्शन भी बन गया जिसकी व्याख्या अज्ञेय ने बार-बार अपनी कविताओं में भी की है और अपनी गद्य-कृतियों में भी। काफ़ी हद तक इस मौन को हम अज्ञेय की स्वभावगत चुप्पी के साथ देखने के अभ्यस्त हो गए थे। पर अब जबकि वे हमारे बीच नहीं हैं तो अज्ञेय-साहित्य के अध्येताओं पर यह ज़िम्मेदारी आती है कि वे इस मौन के मिथक के भीतर छिपी अपने समय की ऐतिहासिक अर्थवत्ता को ढूँढ़ निकालें। यदि छायावादियों के 'असीम' और 'अनन्त' का अपने समय के साथ कोई गहरा सम्बन्ध था तो बेशक अज्ञेय के इस बहुप्रचारित मौन का कोई न कोई रिश्ता उन ठोस वास्तविकताओं से होना चाहिए, जिनके बीच वे रचनारत थे।

अज्ञेय से जो मेरी पहली मुलाक़ात हुई थी—सन् 1952 में, उस समय भी वस्तुत: मेरी भेंट उनके मौन से हुई थी, उनसे नहीं। तब मैं इंटरमीडिएट का विद्यार्थी था और बिहार के देवघर नामक स्थान में आयोजित एक साहित्यिक सम्मेलन में नौसिखुए कवि के रूप में शामिल हुआ था। अज्ञेय उस सम्मेलन के मुख्य अतिथि थे। उस अवसर पर मैंने अपनी एक छोटी-सी कविता पढ़ी जो किसी कारण अज्ञेय को पसन्द आई। पर यह बात उन्होंने मुझे मौखिक रूप से नहीं कही, जबकि मैं उनके ठीक पीछे बैठा हुआ था। जब सभा समाप्त हुई तो

उन्होंने किसी के हाथ एक चिट भेजी, जिसमें लिखे शब्द मुझे अब तक याद हैं, "साधु! साधु! कविता अच्छी लगी। क्या 'प्रतीक' में छपने के लिए भेजेंगे?" मेरे लिए उस चिट को पाना एक रोमांचकारी अनुभव था। लगभग अकल्पनीय। पर मैं देर तक सोचता रहा कि अज्ञेय ने जो बात मुझसे लिखकर कही, क्या वह सीधे रूबरू नहीं कह सकते थे जबकि मैं ठीक उनके पीछे बैठा था? तब इस बात को समझना मेरे लिए कठिन था, पर बाद में जब उनके साहित्य को निकट से जाना तो वह सारी घटना एकदम सहज लगने लगी।

अज्ञेय सम्पूर्ण साहित्यकार थे। जब मैं यह कहता हूँ तो यह मानकर नहीं कि सम्पूर्ण अपने आप में कोई मापदंड है। वे सम्पूर्ण इस अर्थ में थे कि उनका रचनात्मक व्यक्तित्व अनेक दिशाओं में फैला हुआ था। यहाँ तक कि उसकी हदें कई बार साहित्य की हदों को भी पार कर जाती थीं। अज्ञेय केवल कवि नहीं थे, यद्यपि उनकी मुख्य रूप से पहचान एक कवि के रूप में ही बनी। पर मुझे पता नहीं क्यों, अज्ञेय का आरम्भिक गद्य कई बार उनकी कविताओं से ज़्यादा आकर्षित करता है। फिर मुझे यह भी लगता है कि वे इतने अच्छे गद्यकार न होते तो शायद इतने बड़े कवि भी न बन पाते। मुझे यह भी लगता है कि उनकी कविता की अपेक्षा उनके गद्य में जहाँ-तहाँ अंग्रेजी विन्यास की हल्की-सी छाया के बावजूद मुझे खड़ी बोली गद्य की ठेठ प्रकृति का निर्वाह अधिक दिखाई पड़ता है। कविता को मुख्य विधा के रूप में स्वीकार कर लेने के बावजूद वे गद्य बराबर लिखते रहे। जितनी चर्चा उनके कवि-कर्म की हुई है, उतनी उनके बाद वाले गद्य की नहीं। मुझे लगता है कि 'स्मृति-लेखा' और छिटपुट अपनी डायरी के कुछ टुकड़ों में उन्होंने हिन्दी गद्य का एक नया धरातल अर्जित किया है, जिसे रेखांकित किया जाना चाहिए। फिर इस गद्य के जितने भी रूप हो सकते हैं, अज्ञेय ने प्राय: सबकी रचनात्मक क्षमता को टटोलने की कोशिश की। ज्ञान-विज्ञान के विशेषीकरण के इस युग में साहित्य में भी विशेषीकरण की प्रवृत्ति बढ़ी है। अज्ञेय किसी एक विधा या एक कला-रूप से अपने को न बाँधकर मानो विशेषीकरण की इस सामान्य प्रवृत्ति के विरुद्ध ही एक चुपचाप, परन्तु सार्थक संघर्ष करते रहे।

अज्ञेय के अध्ययन का दायरा विशाल था। और बातों को छोड़ भी दें तो वे उन गिने-चुने रचनाकारों में थे, जिनके पास पश्चिम के साहित्य की अच्छी जानकारी के साथ-साथ संस्कृत की कालजयी कृतियों के अध्ययन और आस्वादन का गहरा एवं पुष्ट आधार था। इसीलिए उनकी कविताओं में कई बार ऐसे विलक्षण प्रयोग मिलते हैं जिन्हें वही पकड़ पाएँगे जो कालिदास की कृतियों से परिचित होंगे। उनकी एक आरम्भिक कविता 'द्वितीया' में जो 'अत्यन्तगता' शब्द आया है, वह रघुवंश के 'अजविलाप' की याद दिलाता है। इसी तरह 'असाध्य वीणा' कविता में जो 'पर्युत्सुक' शब्द आया है, वह शाकुन्तल की 'पर्त्युत्सुकी भवति यत् सुखितोअपि जन्तुः' की गूँज लिये हुए है। कई बार मुझे लगता है कि यह पूरी कविता मानो कालिदास के उस प्रसिद्ध छन्द की एक लम्बी रचनात्मक व्याख्या है।

अज्ञेय के अध्ययन-क्षेत्र की चर्चा चल रही है तो एक छोटी-सी व्यक्तिगत घटना का ज़िक्र करना चाहूँगा। हिन्दी में शोधग्रंथ बहुत छपते हैं और यह माना जाता है कि प्रायः पढ़ने के लिए नहीं, पुस्तकालय की शोभा बढ़ाने के लिए होते हैं। कोई रचनाकार उन्हें पढ़ने की जुर्रत करता होगा, इसकी कल्पना भी नहीं की जा सकती। सन् 1971 में जब मेरा पीएच.डी. का शोध प्रबन्ध पुस्तक के रूप में प्रकाशित हुआ तो आश्चर्यजनक रूप से उस पर जो पहला और अन्तिम पत्र मुझे प्राप्त हुआ, वह अज्ञेय का था। उन्होंने प्रकाशक से लेकर वह पुस्तक आद्यन्त पढ़ी और उस पर विस्तृत प्रतिक्रिया लिख भेजी। अज्ञेय उन विरल लोगों में थे जो छपे हुए शब्द की क़ीमत जानते थे और उसकी कद्र करते थे। बाद में जो वाचिक परम्परा पर ज़ोर देने लगे तो उसके पीछे उनकी चाहे जो धारणा रही हो, छपे हुए शब्द के प्रति नकार का भाव तो बिलकुल नहीं था।

जहाँ तक अज्ञेय की कविताओं का सवाल है, मुझे उनके पहले दौर की कविताएँ ज़्यादा आकृष्ट करती हैं। उनके काव्यात्मक विकास का यह पहला दौर 'हरी घास पर क्षण-भर' के प्रकाशन के साथ चरमोत्कर्ष पर पहुँचता है और उसी के साथ समाप्त भी होता है। बाद में जिसे नई कविता के नाम से जाना गया, पहली बार उसका प्रत्यक्ष आभास 'हरी घास पर क्षण-भर' में ही मिला

था। इसी संग्रह में अज्ञेय ने बहुत खुले मन से यह रचनात्मक घोषणा की थी कि 'अपने से बाहर आने को छोड़ नहीं आवास दूसरा' यानी कवि का घर अपने से बाहर। अपने समाज में, अपने लोगों के बीच। अज्ञेय का यह संकल्प उनकी बहुत-सी आरम्भिक कविताओं में बोलता है और यह बोली चाहे जितनी धीमी और बारीक हो, जब भी सुनाई पड़ती है, अच्छी लगती है।

परन्तु उनकी बाद की कविताओं का विकास एकदम दूसरी दिशा में हुआ और यह एक अलग कहानी है। ज़ाहिर है यह अवसर मूल्यांकन का नहीं है। इन पंक्तियों को लिखते समय मेरे सामने बराबर अज्ञेय की मानव-आकृति है। एक जीता-जागता इन्सान जो अभी कुछ दिन पहले तक हमारे बीच था और अब वहाँ सिर्फ़ एक ख़ालीपन है। पर जो लोग अज्ञेय की कविताओं से परिचित हैं, उनके लिए यह ख़ालीपन एक बोलता हुआ, गूँजता हुआ ख़ालीपन होगा। एक कवि के अचानक भरी सभा के बीच से उठकर चले जाने के बाद का ख़ालीपन। पर इस ख़ालीपन में भी एक पूर्णता है क्योंकि अज्ञेय ने एक भरपूर ज़िन्दगी जी और अपने जीवन के एक-एक क्षण को अपनी रचनाओं में निचोड़ लेने की कोशिश की।

रचना के स्तर पर वे अन्तिम क्षण तक सक्रिय रहे और यह साँस की तरह निरन्तर चलनेवाली सक्रियता ऐसी थी जिससे युवतम पीढ़ी का नया से नया लेखक भी ईर्ष्या कर सकता था। अज्ञेय की सौ बातों से मतभेद हो सकता है, पर रचनात्मक ऊर्जा के इसी अक्षय स्रोत के प्रति सिर्फ़ नतमस्तक हुआ जा सकता है।

मैंने फ़ैज़ को देखा था

फ़ैज़ की चर्चा हिन्दी में इतनी अधिक हुई है कि उनकी शायरी पर कोई बात करना किसी कही हुई बात को बार-बार दोहराने की तरह लगता है। मैंने उस बुलन्द शख़्सियत को, जिसे फ़ैज़ अहमद फ़ैज़ कहा जाता है, देखा था और थोड़ा क़रीब से देखा था, इसलिए उसी की चर्चा करूँगा। वैसे भी व्यक्ति फ़ैज़ और शायर फ़ैज़ दोनों से मिलकर उस जीवन्त काव्य-मिथक का निर्माण हुआ है जिसे हम फ़ैज़ के सृजन के रूप में जानते हैं। पहली बार मैंने फ़ैज़ का नाम तब सुना था जब मैं इंटरमीडिएट का विद्यार्थी था। यह वह दौर था जब प्रगतिशील कवियों का ज़िक्र छिड़ने पर कुछ नाम बार-बार सामने आते थे, हिन्दी और उर्दू दोनों के। उनमें फ़ैज़ का भी नाम अक्सर सुनने में आता था। आज याद करता हूँ कि फ़ैज़ के किस पहले शेर से पहली बार मेरा साक्षात्कार हुआ था तो मुझे याद आता है उनका एक पुराना रूमानी-सा शेर जो इस तरह था—

आस उस दर से टूटती ही नहीं
जा के देखा, न जा के देख लिया

इस आख़िरी टुकड़े पर मैं रुक गया था और कहीं उसी तरह वह आज भी मेरी स्मृति में अटका हुआ है। पर यह असली फ़ैज़ न थे! जिस क्रान्तिकारी फ़ैज़ को हम जानते हैं, रूमानियत उसकी पूरी बनावट का एक हिस्सा ज़रूर थी, पर ख़ालिस फ़ैज़ की पहचान उन दूसरी बहुत-सी ग़ज़लों के आधार पर बाद में

क्रमशः बनती गई और मेरे जैसे उस समय के असंख्य युवा पाठकों के दिलो-दिमाग़ में बनती गई, जिस फ़ैज़ को आज हम जानते हैं। इसी क्रम में यह तथ्य भी जोड़ दूँ कि अचानक एक दिन (सम्भवत: यह मेरे बी.ए. का अन्तिम वर्ष था या फिर एम.ए. का आरम्भ था) जब मुझे श्री सच्चिदानन्द हीरानन्द वात्स्यायन 'अज्ञेय' की ओर से एक छपा हुआ कार्ड मिला जिसमें किसी एशियाई लेखक सम्मेलन का ज़िक्र था। यह दिल्ली में होनेवाला था जिसमें एशिया महाद्वीप के अनेक बड़े साहित्यकार शामिल होनेवाले थे। मुझे अच्छी तरह याद है कि बनारस के कुछ अन्य लेखकों के साथ मैं उस महत्त्वपूर्ण साहित्यिक समागम को देखने गया था। मैं जान-बूझकर 'देखने' शब्द का इस्तेमाल कर रहा हूँ क्योंकि एक युवा लेखक के लिए सिर्फ़ यही सम्भव था। जिन व्यक्तित्वों को देखा, उनमें नि:सन्देह फ़ैज़ अहमद फ़ैज़ भी थे। मुझे मंच का दृश्य अब तक याद है। वहाँ जिन बड़े व्यक्तियों की पंक्ति बैठी थी, उसमें कुछ नाम मुझे याद आ रहे हैं—राहुल सांकृत्यायन, लक्ष्मीप्रसाद देवकोटा और फ़ैज़। याद वह भी आ रहा है कि जब स्वागताध्यक्ष ने फ़ैज़ के नाम का उल्लेख किया तो देर तक हाल में करतल-ध्वनि होती रही। यह फ़ैज़ को पहली बार देखना था। विज्ञान भवन के हॉल में यह आयोजन हो रहा था, जिसकी अन्तिम पंक्ति से मेरी युवा आँखें फ़ैज़ को जितना देख सकी थीं, उसमें सबसे आकृष्ट करनेवाली चीज़ उनकी ख़ामोशी थी, लगभग उस सुपरिचित शेर जैसी ख़ामोशी—

इस तरह अपनी ख़ामुशी गूँजी
जैसे हर सिम्त से जवाब आए

उनके व्यक्तित्व से मेरी यह छोटी-सी दूरस्थ जान-पहचान कुल जमा यहीं तक थी, पर यह धुँधली-सी याद एक खोई हुई पूँजी की तरह मेरे काम आई 1978 में, जब मैं जेएनयू आ चुका था और कुछ मित्रों के साथ उस समय के एक चर्चित नाटक 'बेगम का तकिया' देखने मेघदूत थिएटर गया था। वहाँ सबसे अन्त में बैठे-बैठे एकदम अगली पंक्ति में एक चेहरा दिखाई पड़ा जो उस चेहरे

से हल्का-सा मिलता-जुलता था, जिसे मैंने युवा नेत्रों से कभी विज्ञान भवन में देखा था। नाटक की समाप्ति पर हम कुछ लोग उधर लपके, जिधर वह फ़ैज़ जैसा शख़्स तेज़ी से बढ़ा जा रहा था। निकट पहुँचकर मैं अपनी उत्सुकता को दबा न सका और एकदम पूछ बैठा, 'माफ़ करें! क्या आप फ़ैज़ अहमद फ़ैज़ हैं?' वे चकित हुए और दबी ज़बान में 'हाँ' जैसा कुछ कहा। यह तो मैंने बाद में जाना कि वे पाकिस्तान से छिपकर भारत आए थे और नहीं चाहते थे कि उनके होने की ख़बर सार्वजनिक हो। हाँ, चलते-चलते मैंने और मेरे कुछ अन्य मित्रों ने भी उनसे यह अनुरोध ज़रूर किया कि आप एक दिन जेएनयू आएँ। उन्होंने स्वीकृति में सिर हिलाया।

उसके कई दिनों बाद फ़ैज़ का जेएनयू में आना हुआ। मैं 23-24 वर्षों तक जेएनयू में रहा हूँ पर न तो उसके पहले वैसा कुछ हुआ था न उसके बाद। फ़ैज़ का आना एक बहुत बड़े जश्न की तरह था, एक छोटे-मोटे आन्दोलन की तरह, जिसमें सारी दिल्ली उमड़ पड़ी थी। भीड़ का आलम यह था कि उस बड़े से पंडाल में सबसे अन्तिम और सबसे लम्बा जो व्यक्ति खड़ा था उसका नाम है मक़बूल फ़िदा हुसैन। वे अपने नियम के अनुसार नंगे पाँव खड़े थे। यह शायर फ़ैज़ के व्यक्तित्व का दुर्दम आकर्षण था जो इतने सारे लोगों को खींच लाया था। फ़ैज़ ने उस अवसर पर क्या कहा, यह ठीक-ठीक याद नहीं। वैसे भी फ़ैज़ वक्ता न थे। इतना याद है कि उन्होंने कुछ ग़ज़लें पढ़ीं और इस तरह पढ़ीं जैसे पढ़ना कोई सज़ा हो। बार-बार आग्रह किए जाने के बाद भी उन्होंने वही चार-पाँच ग़ज़लें सुनाई थीं जिन्हें वे सुनाना चाहते थे और चुप हो गए थे। फ़ैज़ का इस तरह आना और सार्वजनिक मंच पर लम्बे अरसे बाद आना दिल्ली के सांस्कृतिक इतिहास की एक बड़ी घटना थी, जिसकी समाचार-पत्रों में व्यापक चर्चा हुई थी।

इसके बाद की दो छोटी-छोटी घटनाओं का ज़िक्र करूँगा। इसी बीच एक दिन फ़ैज़ से मिलने उनके होटल जाना हुआ। वह कौन-सा होटल था, यह ठीक-ठीक याद नहीं आ रहा है, मेरे साथ नामवरजी थे और सम्भवत: एक कोई

और। हमने देखा कि फ़ैज़ एक बड़े से कमरे में अकेले बैठे थे, लगभग दीवार के पास और दीवार की ओर मुँह किए। बग़ल में एक छोटी-सी तिपाई पर एक भरा गिलास और बर्फ़ के कुछ टुकड़े रखे हुए थे। दीवार की ओर मुँह करके बैठना और अपने प्रिय भरे गिलास के साथ बैठना मुझे कुछ अजीब-सा लगा। मुझसे रहा न गया और मैं औचक पूछ बैठा—

"फ़ैज़ साहब, दीवार की ओर मुँह करके क्यों पी रहे हैं?"

वे हँसे और बोले, "अच्छा सवाल पूछा, अकेले कभी नहीं पीना चाहिए।"

यह एक बड़े शायर के अकेलेपन और उसकी अन्तर्निहित पीड़ा पर एक स्मिति-भरी टिप्पणी थी—एक गहरी और बेधड़क टिप्पणी।

फ़ैज़ से अन्तिम बार मिलना एक फ़र्शी नशिस्त में हुआ था, श्रीमती शीला सन्धू के आवास पर। उसमें अनेक लोग उपस्थित थे, जैसे डॉ. कर्ण सिंह और पाकिस्तान के तत्कालीन उच्चायुक्त जनाब अब्दुल सत्तार। हिन्दी के तो कई लोग थे ही। दो चीज़ें मुझे ख़ास तौर पर याद हैं, बल्कि तीन।

डॉ. कर्ण सिंह ने फ़ैज़ की कई चीज़ें उस मौक़े पर सुनाई थीं, सीधे अपनी स्मृति से और अन्त में कुछ डोगरी लोकगीत भी सुनाए थे। उनका कंठ इतना अच्छा है, इसका पता पहले न था। फ़ैज़ ने उस मौक़े पर ज़्यादातर नज़्में पढ़ी थीं और बेशक कुछ ग़ज़लें भी। एक ग़ज़ल पढ़ते-पढ़ते अचानक वे किसी जगह अटक गए थे, जैसे कुछ भूल रहे हों कि अचानक पीछे से किसी ने मानो 'प्रॉम्प्ट' किया हो और इस तरह उन्हें भूला हुआ मिसरा याद आ गया। लोगों ने देखा, जिस व्यक्ति ने 'प्राम्प्ट' किया था वे पाकिस्तान के हाई कमिश्नर थे। फ़ैज़ ने उनकी ओर देखा और पढ़ना जारी रखा। इससे अधिक कोई तवज्जो न दी। हाँ, जब फ़ैज़ का पाठ समाप्त हो गया तो उच्चायुक्त महोदय एकदम से भागे हुए आए और फ़ैज़ के सामने अभिवादन करके खड़े हो गए। बैठने का इशारा करने पर भी बैठे नहीं, अन्त तक खड़े ही रहे। फ़ैज़ से कुछ शिष्टाचार जैसी बातें होती रहीं और फिर वे कहीं पीछे जाकर फ़र्श पर ही बैठ गए। पर इस पूरे प्रसंग का अन्तिम हिस्सा उस नज़्म से जुड़ा है जो मेरी फ़ैज़ की असंख्य पसन्दीदा

कविताओं में से एक है। कविता का शीर्षक है, 'रक़ीब से' जिस पर फ़िराक़ गोरखपुरी का मशहूर लेख भी मैंने पढ़ा था। ज़ाहिर है 'रक़ीब' शब्द का पूरी उर्दू परम्परा में एक रूढ़ अर्थ है और इस नज़्म की सबसे बड़ी ब्यूटी यही है कि वह इस रूढ़ प्रतीक में एक नई मानवीय अर्थवत्ता भर देती है। और इस अर्थ में यह कविता प्रेम कविताओं की दुनिया में एक ऐतिहासिक महत्त्व रखनेवाली कविता बन जाती है। जब फ़ैज़ अपनी कई ग़ज़लें और नज़्में पढ़ चुके तो मैंने अनुरोध किया कि कृपया 'रक़ीब से' पढ़ें। बोले, "ये तो नहीं पढ़ूँगा, कुछ चीज़ें अपनी ही ज़बान से निकलती हैं और हवा में मँडरा कर जैसे अपने ही सर पर गिर पड़ती हैं, यह नज़्म वैसी ही है।" फिर कई लोगों के इसरार करने पर उन्होंने यह नज़्म पढ़ी और सिर्फ़ वहीं तक पढ़ी जहाँ यह टुकड़ा आता है—

हमने इस इश्क़ में क्या खोया है, क्या सीखा है,
जुज़ तेरे और को समझाऊँ तो समझा न सकूँ।

बहुत कहने के बाद भी इसके बाद का हिस्सा उन्होंने नहीं पढ़ा और धीरे से कहा, 'नज़्म यहीं ख़त्म होती है।' उसके बाद नज़्म में और 14 लाइनें हैं जो थोड़ी लाउड हैं और उस समय का जो एक तरक़्क़ीपसन्द चलन था उसके अनुसार थीं। फ़ैज़ को यह बाद का हिस्सा अनावश्यक लगा और इसलिए उन्होंने उसे छोड़ दिया। यह एक बड़े शायर का आत्मालोचन था और कला की उसकी अपनी समझ का आईना भी। फ़ैज़ में यह नैतिक साहस था और भरी सभा में उसे व्यक्त करने का अपना ख़ास तरीक़ा भी।

एक विदाउट टिकट सफ़र भीष्म साहनी के साथ

यह भीष्म जी का शताब्दी-वर्ष चल रहा है और मुझे याद आ रही है उनके साथ ट्रेन की एक यात्रा, जिसे कभी नहीं भूल पाऊँगा। किसी साहित्यिक कार्यक्रम के सिलसिले में मैं उनके साथ कानपुर गया था। सन्-तारीख़ याद नहीं, पर 15-20 वर्ष पहले की बात होगी। शायद कुछ और ज़्यादा। दिल्ली में उनसे मिलना-जुलना होता रहता था और कह सकता हूँ कि एक कनिष्ठ रचनाकार के नाते उनका थोड़ा-सा स्नेह मुझे प्राप्त था। पर उन्हें निकट से जानने का अवसर मुझे उस छोटी-सी यात्रा में मिला। कार्यक्रम की समाप्ति के बाद आयोजकों ने बताया कि मुझे लौटना है—भीष्म साहनी के साथ। सुनकर ख़ुशी हुई—सिर्फ़ इसलिए नहीं कि ट्रेन से लौटना होगा—जो नई-नई चली थी बल्कि उससे भी ज़्यादा इसलिए कि मुझे भीष्म जी के साथ यात्रा करनी होगी, जो वयोवृद्ध होने के बावजूद अपनी कृतियों में उस ट्रेन से भी ज़्यादा नए लगते थे। उनके नाटक 'माधवी' को पढ़कर उसकी कथावस्तु की खोज पर मैं लगभग उतना ही चकित हुआ था, जितना 'कामायनी' की कथावस्तु की खोज पर उस समय के प्रबुद्ध पाठक हुए हों।

तो अब उसी 'माधवी' के आविष्कर्ता के साथ मुझे यात्रा करनी थी। पर हिन्दी पाठक अपने इस कथाकार को कितना प्यार करता है, यह मैंने पहली बार कानपुर में देखा। विदा देने के लिए स्टेशन पर उनके प्रेमी पाठकों और स्थानीय पत्रकारों की एक अच्छी-ख़ासी भीड़ थी। प्राय: सब उनसे बातचीत करने के लिए उत्सुक और उनका ताज़ा फोटो उतार लेने के लिए किसी अचूक एंगिल

की खोज में परेशान थे। अपने एक बड़े हिन्दी लेखक के प्रति सामान्य पाठकों का यह सम्मान-भरा उत्साह मुझे अच्छा लगा—ख़ासतौर से कानपुर जैसे एक औद्योगिक नगर में।

भीष्म जी स्वाधीनता के बाद के कथा-साहित्य के एक शिखर पुरुष हैं, इसको लेकर शायद कोई बहस न हो, पर हम यह कैसे भूल सकते हैं कि वे एक अनूठे नाटककार, एक जाने-माने अभिनेता और प्रख्यात बलराज साहनी के छोटे भाई भी थे। और अब देखिए विडम्बना कि वही भीष्म साहनी 'विदाउट टिकट' मेरे साथ बैठे थे ट्रेन में। हुआ यों कि स्टेशन पर उनके चाहने वालों की भीड़ में हम भूल ही गए कि हमें टिकट भी लेना है। जब ट्रेन आती दिखाई पड़ी—तो उन्हीं चाहनेवालों में से किसी एक जन को पैसा देकर दौड़ाया गया कि जल्दी से टिकट लेकर आ जाय। गाड़ी आ गई पर टिकट न आया। हम इस उम्मीद से अन्दर जाकर बैठ गए कि गाड़ी के खुलते-खुलते टिकट आ ही जाएगा। इसी बीच गाड़ी चल पड़ी और भीष्म जी खिड़की से हाथ हिलाते हुए अब भी इस उम्मीद में कि शायद वह टिकट लेकर आ जाए। शायद अतिशय भीड़ के कारण वह टिकट काउंटर तक पहुँच ही नहीं पाया और इधर गाड़ी खुल गई। भीष्म जी बोले—अब क्या किया जाय? मैंने कहा—बैठिए, देखा जाएगा। तब तक टी.टी.ई. आता दिखाई पड़ा। हमारी बगल से गुज़रते हुए हमारी ओर एक नज़र देखा और आगे बढ़ गया। भीष्म जी बोले—केदार जी, वह फिर आएगा। अगर हम बिना टिकट के पकड़े गए तो बुरा होगा। मैंने कहा—आदरणीय, कुछ नहीं होगा—हम ज़ुर्माना देकर टिकट बनवा लेंगे। ...सो तो ठीक है केदार जी, पर कभी-कभी तो अख़बार में देखते हैं कि फलाँ-फलाँ बिना टिकट पकड़े गए।

मैं भीष्म जी की चिन्ता समझ गया। वे सिर्फ़ हिन्दी लेखक नहीं, एक नामी-गिरामी शख़्सियत भी थे। उनकी शोहरत उन्हें परेशान कर रही थी। आख़िर शोहरत की क़ीमत थी तो चुकानी पड़ती है और टी.टी.ई. था कि बार-बार हमारे पास से गुज़रता था। उन्हें लगता था उसने ताड़ लिया है कि हमारे पास टिकट नहीं

है! गाड़ी ने अपनी रफ़्तार पकड़ी तो भीष्म जी थोड़ा सहज हुए और टी.टी.ई. भी शायद किसी दूसरे डिब्बे में चला गया।

गाड़ी की तेज़ रफ़्तार के साथ भीष्म जी अपने जीवन की आरम्भिक स्मृतियों में खो गए, बोले—जानते हैं पहली बार इस शहर कब आया था?—शायद आज़ादी के पहले। अतीत में लौटते हुए उन्होंने कहा—मैं कोई 28-29 साल का रहा हूँगा जब पहली बार कानपुर आना पड़ा था। पिता का कपड़े का व्यापार था। एक दिन मुझे कहा गया कि तुम्हें कानपुर जाना है। कहाँ से कपड़े की कितनी गाँठें और किस तरह उन्हें बुक करना होगा—व्यापार का यह गुर मैं थोड़ा-बहुत जान गया था। कितनी ट्रेनें बदलकर कितने घंटों में वहाँ पहुँचा, यह तो अब ठीक-ठीक याद नहीं। पर वह भीड़-भरी लम्बी परेशानी अब भी याद है। उसके बाद और दो-तीन बार इसी तरह काम से यहाँ आना पड़ा था। लेकिन इस बार जो कानपुर देखा—वह उससे एकदम भिन्न है। तब वह एक जीता-जागता शहर था। इस बार वह एक ऐसे बड़े शहर की तरह लगा जो अपनी गति में कहीं ठहर गया है। भीष्म जी अपने खास क़िस्सागोई वाले अन्दाज़ में यह सुनाए जा रहे थे कि सहसा टी.टी.ई. फिर आता दिखाई पड़ा। वे बोले—केदार जी, वह फिर आ रहा है। पर टी.टी.ई. अपनी ड्यूटी बजा रहा था।

यह मैंने उस यात्रा में जाना कि भीष्म जी के पास छोटे-छोटे चुटकुलों और क़िस्सों का अम्बार था और उन्हें सुनाने की एक ख़ामोश सी चुटीली शैली थी। उनके व्यक्तित्व का यह पक्ष मेरे लिए एकदम नया था, उनके बड़ा लेखक होनेवाले इन क़िस्सों के बीच अचानक यह ट्रेन प्लेटफ़ॉर्म पर आ पहुँची थी।

अवध की मिट्टी और बनारस का गंगाजल

कवि त्रिलोचन से मेरी पहली भेंट कब हुई, ठीक-ठीक याद नहीं। पर शायद यह तब की बात है, जब मैं सातवीं या आठवीं में पढ़ता था। पर उनके निकट सम्पर्क में तब आया जब मैं इंटरमीडिएट का विद्यार्थी बना। यही वह समय था जब मैंने गीतों से हटकर मुक्त छन्द की अपनी पहली कविता लिखी थी, जिसे पहली बार त्रिलोचन को ही सुनाया। उस कविता पर उनसे पहली बार दाद मिली और साथ ही कुछ सुझाव भी। मेरे लिए उनके वे आरम्भिक सुझाव उस समय तो उपयोगी थे ही, बाद के जीवन में भी मैं निरन्तर उनसे आलोक पाता रहता हूँ। यहीं से त्रिलोचन लगभग मेरे काव्य-गुरु बन गए। लेकिन अपने परिचय के इस आरम्भिक दौर का ज़िक्र एक विशेष प्रयोजन से कर रहा हूँ। यह वही समय है (सन् 1940-41) के आसपास जब 'धरती' के कवि त्रिलोचन सॉनेट की ओर मुड़ते हैं। उन्हीं दिनों उन्होंने लिखा था—'इधर त्रिलोचन सॉनेट के ही पथ पर दौड़ा।' जिस गहरे आन्तरिक दबाव और भावोद्वेलन की अवस्था में उस दौर के सॉनेट लिखे गए थे, उनके लिए लिखना शब्द नाकाफ़ी है। वस्तुत: यदि पुराने मुहावरे का इस्तेमाल करें तो कहना चाहिए कि वे 'उन' पर उतर आए थे। यह वह समय था, जब त्रिलोचन ने अंग्रेजी में एम.ए. करने का निश्चय किया था, जिसे वे पूरा न कर सके। पूरा न कर सकने के अनेक कारण थे—ठोस भौतिक कारण। पर इतने दिनों बाद मुझे लगता है कि शायद उसका सबसे बड़ा कारण त्रिलोचन का सॉनेट के पथ पर दौड़ पड़ना ही था। सॉनेट ने उन्हें उस बीच इस तरह से आविष्ट कर लिया था कि और कुछ सम्भव ही नहीं था।

वरेण्य

मुझे उदयप्रताप कॉलेज के प्रथम छात्रावास की वह सुबह आज भी अच्छी तरह याद है, जब एक दिन अचानक साइकिल दनदनाते हुए शास्त्रीजी पहुँचे थे। उनका इस तरह पहुँचना सर्वथा अप्रत्याशित नहीं था—आना तो उनका थोड़े-थोड़े अन्तराल पर अक्सर होता रहता था और हर बार एकदम निष्प्रयोजन। पर उस दिन वे कुछ थके-थके से लग रहे थे—जैसे सारी रात जागकर आए हों। पूछने पर पता चला कि असलियत यही है। उन्होंने बताया कि वे लगभग भावावेश की अवस्था में सारी रात लिखते रहे हैं और सुबह तक एक ही प्रवाह में बत्तीस सॉनेट लिखे जा चुके थे। उनमें से अधिकतर सॉनेट 'उस जनपद का कवि हूँ' नामक संग्रह में संकलित हैं। मुझे यदि आज भी चुनना हो तो त्रिलोचन के उन तीस-बत्तीस सॉनेटों को उनके लगभग एक हजार सॉनेटों के क्रम में सबसे ऊपर रखना चाहूँगा। इन्हीं सॉनेटों में से आठ चुने हुए सॉनेट अज्ञेय ने मासिक 'प्रतीक' में प्रकाशित किए थे। जहाँ तक मैं जानता हूँ, व्यापक स्तर पर हिन्दी पाठकों का त्रिलोचन के सॉनेट के साथ यह पहला परिचय था या कहें तो पहली मुठभेड़।

त्रिलोचन के व्यक्तित्व में जितना अवध है, उससे कम बनारस नहीं है। उनके व्यक्तित्व का जो स्थापत्य है, उसे आकार देने में अवध की मिट्टी और बनारस के गंगाजल दोनों का योगदान है। पर विडम्बना यह है कि बनारस के साहित्यिक माहौल में वे जब तक रहे, हमेशा एक अजनबी की तरह रहे। यह अपने ही घर में अजनबी होने की तरह था। यह सचाई है कि त्रिलोचन ने बनारस को घर की तरह प्यार किया है—एक ऐसे घर की तरह जिसमें उन्हीं के लिए जगह नहीं थी। सॉनेट के विस्फोट के जिस दौर का मैंने ऊपर उल्लेख किया है, भौतिक दृष्टि से वह त्रिलोचन के जीवन का सबसे संघर्षपूर्ण दौर भी था। इस संघर्ष का सबसे ठोस दस्तावेज़ तो स्वयं उनकी डायरी है, परन्तु उसकी सबसे तीव्र और तिलमिला देनेवाली झलक उनके उस काल के सॉनेटों में ही मिलती है। 'भीख माँगते उसी त्रिलोचन को कल देखा'—जैसी पंक्ति में कथ्य की जो निर्मम चोट है, उसमें केवल अनुभूति की प्रखरता ही नहीं, एक विलक्षण कलात्मक साहस भी है जो उस समय हिन्दी के लिए एक नई चीज़ थी।

त्रिलोचन के उन आरम्भिक सॉनेटों का उस समय क्या प्रभाव पड़ा था, इसका कोई लिखित साक्ष्य आज उपलब्ध नहीं है। पर एक बात अपने अनुभव से जानता हूँ कि भाषा की जिस नई भंगिमा के साथ त्रिलोचन के वे सॉनेट आए थे, उसने उस काल के बहुत-से नए कवियों को प्रभावित किया था। सॉनेट विधा की विजातीयता के बारे में बहुत कुछ कहा-सुना गया है परन्तु जिस रोला छन्द में त्रिलोचन के सॉनेट ढाले गए हैं, उसकी ठेठ जातीयता या हिन्दीपन की ओर कम ध्यान दिया गया है। मुझे याद है कि जब मैंने पहली बार वे सॉनेट सुने थे तो एक नई सौन्दर्यदृष्टि के अलावा जिस चीज़ ने मुझे सबसे अधिक प्रभावित किया था, वह था रोला छन्द का सहज संगीतमय प्रवाह। शायद उसी सहज संगीत का जादू था कि मैंने त्रिलोचन के सॉनेटों के प्रभाव से स्वयं कुछ सॉनेट रच डाले थे—और यह सब कुछ बिलकुल अनायास हुआ था, बिना इस पूर्वकल्पना के कि जो लिख रहा हूँ वह सॉनेट है। मेरे वे सॉनेट 'तीसरा सप्तक' में संकलित हैं। अगर मैं भूलता नहीं तो उस समय कुछ सॉनेट नामवर जी ने भी लिखे थे, जिनमें से एक या दो 'कवि' पत्रिका में छपे भी थे। फिर मुझे यह भी याद है कि त्रिलोचन की उस नई काव्य-सृष्टि ने पुराने और प्रतिष्ठित कवियों को भी अछूता नहीं छोड़ा था। कविवर सुमित्रानन्दन पन्त से जो मेरी पहली भेंट हुई थी, शायद 1943 में—तो उन्होंने बनारस की चर्चा के क्रम में त्रिलोचन के सॉनेटों का ही सबसे पहले उल्लेख किया था। उन्होंने एक सॉनेट की दो पंक्तियों का ख़ास तौर से उल्लेख किया था जो उन्हें याद रह गई थीं। 'स्त्री के लिए जान दे दी' इस पंक्ति से शुरू होनेवाले उस सॉनेट की वे दो पंक्तियाँ इस प्रकार हैं—

ऐसी भी क्या बात कि नारी यह बलि पाए
उसमें क्या है उसमें क्या है उसमें क्या है!

पन्तजी की बात आई तो यहीं त्रिलोचन के आदर्श कवि निराला का भी ज़िक्र कर दूँ। पन्तजी से मिलने के कुछ समय बाद मैं कवि त्रिलोचन के साथ दोबारा प्रयाग गया था। हम गए तो किसी और प्रयोजन से थे, पर तय पाया कि

निराला से भी मिलते चलें। जब हमने दारागंजवाली उस कोठरी में प्रवेश किया, जहाँ निराला रहते थे तो वहाँ लगभग अँधेरा था। महाकवि एक कोने में बैठकर चुपचाप इस तरह भोजन कर रहे थे, जैसे पूजा कर रहे हों। देर तक कोई बात नहीं हुई। जब वे भोजन कर चुके तो त्रिलोचन की ओर मुड़े और बड़े स्नेह से पूछा—"कब आए?" याद नहीं कि त्रिलोचन ने क्या उत्तर दिया। पर इतना याद है कि आजकल क्या लिख रहे हैं, यह पूछने पर त्रिलोचन ने सॉनेट का ज़िक्र किया था। उत्तर सुनकर महाकवि की आँखों में एक चमक आ गई थी—इतना स्पष्ट याद है।

त्रिलोचन के एक संग्रह का नाम है 'अरघान'। इस अरघान शब्द से मेरी पहली मुठभेड़ महाकवि की उस कोठरी में हुई थी—उसी भेंट के समय, जिसका ज़िक्र मैंने ऊपर किया है। वहाँ फ़र्श पर 'ज्योत्स्ना' नाम की पत्रिका पड़ी थी, जिसके प्रथम पृष्ठ पर निराला की कविता छपी थी। पहली पंक्ति थी 'अरघान की फैल'। मेरे लिए यह शब्द नया था और मैंने सोचा—क्यों न महाकवि से ही पूछ लूँ। मैंने वही किया और उस कवि की जो फटकार सुनने को मिली, उसके शब्दों की गूँज कानों में अब तक भरी है। निरालाजी का कहना था कि यह शब्द मेरी बोली यानी भोजपुरी में है, इसलिए मुझे जानना चाहिए। मैंने निवेदन किया कि 'अरघान' शब्द भोजपुरी में है ही नहीं। मैंने समर्थन के लिए जब त्रिलोचन की ओर देखा तो वे चुप। डाँट खाकर जब मैं बाहर निकला तो उनसे पूछा कि आप इस तरह चुप्पी क्यों साध गए? बोले, "महाकवि से कौन हुज्जत करे। वैसे मैं जानता हूँ, यह शब्द भोजपुरी में नहीं है। 'अरघान' ठेठ अवधी का शब्द है।" इतने दिनों बाद मैंने त्रिलोचन के नए काव्य-संकलन का नाम जब 'अरघान' देखा तो मुझे महाकवि की डाँट याद आ गई और साथ ही त्रिलोचन की वह व्यंग्य-भरी चुप्पी भी, जिसने मुझे महाकवि की फटकार के सामने इस तरह निहत्था छोड़ दिया था।

त्रिलोचन की चर्चा बहुत हुई है, उनकी कविता पर काम कम। उनके समय ने, पता नहीं अपने आप या जान-बूझकर उनके कवि-व्यक्तित्व को अब तक

किंवदंतियों की ओट में ही रहने दिया है। उनकी कृतियों की सूक्ष्म ध्वनियों में निहित जीवन-मूल्यों के आलोक में उसे देखने-परखने और विश्लेषित करने की कोशिश नहीं के बराबर हुई है। मुझे कभी-कभी आश्चर्य होता है कि इस विषम परिस्थिति में भी वह कौन-सी भीतरी ऊर्जा है, जो त्रिलोचन को निरन्तर रचनाशील बनाए रख सकी है? जीवन के प्रति त्रिलोचन का गहरा राग शायद इस रहस्य को जानने की सबसे बड़ी कुंजी है। इसी के साथ पूरी भाव-सम्पदा के समानान्तर आत्मालोचन की एक गहरी और प्रखर दृष्टि का होना त्रिलोचन के कृतित्व की दूसरी विशेषता है, जो उन्हें बाहर और भीतर दोनों के आघातों से बचाती रही है। किसी भी व्यूह से त्रस्त न होनेवाला कवि-व्यक्तित्व ही इस तरह की निर्मम पंक्तियाँ लिख सकता है—

नहीं हूँ किसी का भी प्रिय कवि मैं
ज़रा देर से ही सही मुझे यह ज्ञात हुआ
आज मैं कृतज्ञ हूँ
जाने-अनजाने हर किसी का
और यह हर किसी का व्यूह
मुझे त्रासता नहीं है।

बात मैंने त्रिलोचन के जीवन में सॉनेट के विस्फोट के ज़िक्र से शुरू की थी। यहाँ इतना और जोड़ दूँ कि अपने एक आरम्भिक सॉनेट में उन्होंने स्वयं अपने सॉनेट के फ़ार्म की जैसी धज्जियाँ उड़ाई हैं, वैसा कोई कठोर-से-कठोर आलोचक नहीं कर सकता। मैं इसे त्रिलोचन की बहुत बड़ी ताक़त मानता हूँ। यही ताकत एक ओर उन्हें अदम्य साहस देती है, तो दूसरी ओर अद्‌भुत वाक्-संयम और गहरी मानवीय करुणा भी। इसी के चलते सत्तर के होने पर भी वे चिरयुवा हैं। उनकी रचना और उनके व्यक्तित्व में जीवन का एक ऐसा छन्द है, जिससे नई पीढ़ी का हृदय-छन्द कहीं-न-कहीं मिलता है।

त्रिलोचन को पढ़ना

त्रिलोचन को पढ़ना
जैसे पके हुए ज्वार के
खेत से गुज़रना
पूछना न जाँचना
चढ़ना
न उतरना
बस भरना...भरना...

वैसे कोई डर ना
पर डरना भाई डरना
गिर न पड़े ऊपर
कहीं कोई झरना!

रघुवीर सहाय : कुछ पुरानी स्मृतियाँ

(जो मेरे भीतर आज भी ज़िन्दा हैं)

रघुवीर सहाय के साथ मेरी असंख्य मुलाक़ातें हैं और अपनी स्मृति में यदि उन सबका एक एलबम बनाना चाहूँ तो वह बहुत बड़ा होगा। पर यहाँ मैं उसके ब्योरे में नहीं जाऊँगा। वैसे भी वह साठ वर्षों के लम्बे विस्तार में फैला हुआ है, इसलिए छोटी-सी टिप्पणी में उसे समेटना कठिन होगा। सुविधा के लिए मैं अपनी स्मृतियों को दो हिस्सों में बाँटना चाहूँगा। दिल्ली आने से पहले और दिल्ली आने के बाद। इस बाद वाले रघुवीर सहाय को तो सारा हिन्दी-संसार जानता है, पर मेरे दिल्ली आने से पहले वाले रघुवीर सहाय को सिर्फ़ मैं जानता हूँ। इसलिए बेहतर होगा कि मैं उसी पर बात करूँ।

रघुवीर सहाय से मैं पहली बार कब मिला—याद करता हूँ तो उदय प्रताप कॉलेज (बनारस) के प्रथम छात्रावास का वह पहला कमरा याद आता है, जो अब एन.सी.सी. का दफ़्तर बन गया है। कुछ दिनों पहले वहाँ गया था तो उस कमरे के सामने एन.सी.सी. का बोर्ड देखकर एक आघात-सा लगा। कविता की जगह बन्दूक़! शायद दुनिया ऐसे ही चलती है। धुर अतीत में लौटकर देखता हूँ तो वही कमरा याद आता है और उसके सामने खड़ा एक अपरिचित युवक। जो चीज़ मुझे आज भी सबसे अधिक याद आ रही है, वह है युवक के गले में लिपटा हुआ भूरा मफ़लर और ट्रेन की लम्बी यात्रा के चलते वह हल्की-सी थकान—जो उस ठंड भरी सुबह के झीने कुहरे के बीच साफ़ नज़र आ रही थी।

युवक ने अपना नाम बताया—रघुवीर सहाय और यह भी कि उसे वात्स्यायन जी ने भेजा है। तब मैं इंटरमीडिएट का विद्यार्थी था और मेरी दो-एक रचनाएँ मासिक 'प्रतीक' में छप चुकी थीं। सम्बन्ध का हमारा सूत्र बस इतना-सा था। छात्रावास के जिस कमरे में मैं रहता था, उसमें मेरे अतिरिक्त तीन छात्र और थे, यानी एक छोटे से कमरे में चार बिस्तर। वहाँ कुर्सी-मेज़ होने का सवाल ही नहीं था। इसलिए मेरी पहली मुश्किल यही थी कि अप्रत्याशित अतिथि को बैठाऊँ कहाँ?

मैं रघुवीर जी के नाम और कविताओं से परिचित था—क्योंकि 'दूसरा सप्तक' कुछ ही समय पहले छपकर आया था। फिर मासिक 'प्रतीक' के अंक भी मिलते रहते थे, जिनके सह-सम्पादक तब रघुवीर जी थे। वे र.स. नाम से उसमें टिप्पणियाँ लिखते थे और कभी-कभी उनकी कविताएँ भी उसमें दिख जाती थीं। अगर मैं भूलता नहीं तो उनकी एक छोटी-सी मार्मिक कविता 'आओ, जलभरे बर्तन में झाँकें' पहली बार मैंने 'प्रतीक' में ही पढ़ी थी। पर उनकी टिप्पणियों में जिसने मुझे सबसे अधिक प्रभावित किया था, वह शमशेर जी की कविता 'अमन का राग' पर लिखी उनकी विलक्षण टिप्पणी थी, जो उन्हीं दिनों अमृतराय द्वारा सम्पादित 'हंस' के किसी एक अंक में छपी थी। मुझे अब तक याद है कि रघुवीर जी ने जिन पंक्तियों को ख़ास तौर से उद्धृत किया था, वे थीं—

पच्छिम में काले और सफ़ेद फूल हैं
और पूरब में पीले और लाल
उत्तर में नीले कई रंग के
और हमारे यहाँ चम्पई-साँवले
और दुनिया में हरियाली कहाँ नहीं
जहाँ भी आसमान बादलों से ज़रा भी पोंछे जाते हों...
... ...

पंक्तियाँ शायद और भी उद्धृत थीं, जिनका ध्यान नहीं है अब। पर उस टिप्पणी को पढ़कर मेरे मन पर जो प्रभाव पड़ा था, वह टिप्पणीकार की गहरी

काव्य-दृष्टि का था और बेशक उसकी सूक्ष्म रंग-संवेदना का भी। रघुवीर जी के पहले दौर की कविताओं में जो एक गहरी रंग-संवेदना दिखाई पड़ती है, उसका पहला आभास मुझे उस टिप्पणी में ही मिला था। उनकी बाद की कविताओं के स्थापत्य पर जीवन की नग्न-नीरंग स्थितियों का प्रत्यक्ष प्रभाव बढ़ता गया है और कला की दृष्टि से अक्सर वह लाभकर सिद्ध हुआ है।

पर मैं भटक गया। बात तो प्रथम छात्रावास के पहले कमरे से शुरू हुई थी। सो, लौटकर वहीं चलते हैं। ज़ाहिर है कि स्थानाभाव के कारण, वात्स्यायन जी के निर्देश के बावजूद मुझे रघुवीर जी का आतिथेय बनने का सौभाग्य नहीं प्राप्त हुआ। कुछ देर की बातचीत के बाद स्थिति की मुश्किल और मेरा असमंजस भाँपकर रघुवीर जी ने प्रस्ताव किया कि चलिए राय साहब (रायकृष्ण दास) के यहाँ चलते हैं। मैं राय साहब का घर नहीं जानता था, उनके नाम से परिचित ज़रूर था। वे हिन्दी के बड़े लेखक तो थे ही, बनारस के एक महत्त्वपूर्ण रईस घराने से भी सम्बन्ध रखते थे। उन दिनों बनारस का हर मुहल्ला, हर मुहल्ले को जानता था। अस्तु, मैं रघुवीर जी को साथ लेकर निकल पड़ा राय साहब के घर की तलाश में। सवारी के नाम पर तब रिक्शा ही सुलभ था और कमोबेश आज भी स्थिति में ज़्यादा फ़र्क़ नहीं पड़ा है। हमारे एक पुराने हिन्दी अध्यापक ने, जो गेट के पास ही रहते थे, हमारे काम को आसान बना दिया। उन्होंने हँसते हुए कहा—चले जाओ सेंट्रल जेल। राय साहब उसके पास ही रहते हैं। दरअसल राय साहब की अपनी विशाल पुश्तैनी हवेली पिछली बाढ़ में टूटकर गिर पड़ी थी—साथ ही वह मीनारनुमा ऊँचा स्ट्रक्चर भी, जिसे माधवराव का 'धरहरा' कहा जाता था।

जेल को ढूँढ़ने में दिक़्क़त नहीं हुई। रिक्शावाले की मदद से हम रायसाहब के घर तक आसानी से पहुँच गए। कुहरा भी छँटा नहीं था। उस दिन सर्दी भी कुछ ज़्यादा थी, पर दिल्ली से कम। ऐसी ठंड में बनारस के एक प्रतिष्ठित बुज़ुर्ग लेखक को कष्ट देना थोड़ा अटपटा ज़रूर लग रहा था, पर दूसरा उपाय नहीं था। हम बाहर हल्की धूप में इन्तज़ार करते रहे। थोड़ी देर में रायसाहब

बाहर निकले और रघुवीर जी से यह सुनकर कि उन्हें वात्स्यायन जी ने भेजा है, इतनी आत्मीयता से मिले जैसे बरसों से जानते हों। राय साहब के आतिथ्य की गरमाहट से मुझे जो सुखद अनुभूति हुई, उसने रघुवीर सहाय का आतिथेय न बन पाने के अपराधबोध को काफ़ी हद तक कम कर दिया।

मैं हॉस्टल लौट आया। तय हुआ था कि मैं दोपहर बाद रघुवीर जी को बनारस के लेखकों से मिलवाऊँगा। मैंने यही किया। किन-किन लेखकों से मिलना हुआ, वह सब तो याद नहीं। पर तीन नाम स्पष्टत: याद हैं—त्रिलोचन शास्त्री, नामवर सिंह और शिवप्रसाद सिंह। शिवप्रसाद जी की कुछ कहानियाँ 'प्रतीक' में छप चुकी थीं, उनके लिए वात्स्यायन जी ने कोई संदेश भी दिया था। आचार्य हजारीप्रसाद द्विवेदी कुछ वर्ष पहले ही शान्तिनिकेतन से बनारस आए थे और सम्भवत: उस समय शहर से बाहर थे। अस्तु, उनसे मिलना न हो सका।

आज सोचता हूँ तो रघुवीर जी के उस त्रिदिवसीय काशी-प्रवास की दो बातें मुझे ख़ास तौर से याद आती हैं। दशाश्वमेध घाट की ओर जाते हुए अचानक उनकी दृष्टि एक कॉफ़ी-हाउस पर पड़ी—लिखा था 'अय्यर कॉफी हाउस'। उन्होंने प्रस्ताव किया कि पहले कॉफ़ी पी जाय—फिर घाट देखेंगे। वह दक्षिण भारतीय दुकान थी और उसकी गुणवत्ता पर भरोसा करके ही रघुवीर जी ने यह प्रस्ताव किया था। कॉफी एक विशेष प्रकार के गिलासनुमा पात्र में आई, जो दक्षिण भारत के होटलों में प्राय: पाया जाता है। गिलास हाथ में लेते ही रघुवीर जी बोले—इसमें तो हींग पड़ी है। कॉफी में हींग! यह विश्वास से परे था। सो मैनेजर को बुलाया गया। छान-बीन के बाद पता चला कि जहाँ कॉफी बनाई गई, उसके पास ही हींग रखा था। सम्भव है, एकाध कण पड़ गए होंगे। जाहिर है, हमें दूसरी कॉफी दी गई। रघुवीर जी की रंग-संवेदना की बात पहले की जा चुकी है। कॉफी-प्रसंग में उनकी गंध-चेतना का एक अद्‌भुत प्रमाण मिला, जो चकित कर देने वाला था।

काशी-प्रवास की दूसरी घटना का सम्बन्ध त्रिलोचन शास्त्री से है। रघुवीर जी के यह पूछने पर कि बनारस में इन दिनों नया क्या लिखा जा रहा है—मैंने त्रिलोचन जी के सॉनेटों का ज़िक्र किया। हम त्रिलोचन जी से मिलने गए। ढेर

सारी बातें हुईं। त्रिलोचन जी ने रघुवीर जी की एक आरम्भिक कविता का ज़िक्र किया, जो उस समय की किसी प्रगतिशील पत्रिका में छपी थी—जिसकी पहली पंक्ति थी—'मार-मार कर कम्यूनिस्ट'। रघुवीर जी सुनकर हँसते रहे। मैंने उनकी यह कविता कहीं नहीं देखी है। पर त्रिलोचन जी की स्मृति के क्या कहने!

रघुवीर जी के आग्रह पर कुछ समय बाद मैंने त्रिलोचन जी से उनके आठ सॉनेट लेकर 'प्रतीक' को भेजे थे—जिनमें वह प्रसिद्ध सॉनेट भी था—'भीख माँगते उसी त्रिलोचन को देखा कल'। 'प्रतीक' ने उन सॉनेटों को पूरे महत्त्व के साथ प्रकाशित किया। मेरे जानते—यह त्रिलोचन शास्त्री के सॉनेटों से हिन्दी के पाठक-समुदाय का पहला परिचय था। मेरी दृष्टि में यह छोटी-सी घटना रघुवीर जी की उस बनारस-यात्रा की सबसे बड़ी उपलब्धि थी। इसी क्रम में नामवर जी से भी उनका मिलना हुआ था—यह स्पष्टत: याद आ रहा है। पर बातें क्या हुईं—उसकी स्मृति आज पचपन-छप्पन वर्षों बाद लगभग धुल-पुँछ गई है। पर इतना याद है कि उस भेंट में—उस ठंड के मौसम में भी वह सहज गरमाहट ज़रूर थी, जो पहली बार मिलने पर होती है। मुझे अच्छी तरह यह भी याद है कि उसके कुछ समय बाद कहीं रघुवीर जी की एक कविता छपी थी, जिसकी चार पंक्तियों की चर्चा नामवर जी अक्सर करते थे—

बाहर - बाहर जाते - जाते
अब मेरा मन ख़ाली है
लेकिन जा-जाकर उसने
पगडंडी एक बना ली है।

इस बनारसवाली अप्रत्याशित भेंट के बाद रघुवीर जी के कई पत्र मुझे मिले, पर वे अधिकतर कामकाजी होते थे। इस बीच 'प्रतीक' के लिए मैंने अपनी कुछ छोटी-मोटी कविताएँ भेजीं, जो छपीं भी। एकाध पर रघुवीर जी की टिप्पणी भी मुझे मिली, जिसमें कुछ सुझाव दिए गए थे। मैं स्वीकार करूँ कि उन सुझावों से मैंने सीखने की कोशिश की, पर कितना सीख सका—यह कहना कठिन है। पर इस बीच लम्बे समय तक रघुवीर जी से मिलना नहीं हुआ। बीच के लम्बे

अन्तराल में मैं बनारस छोड़कर पूर्वांचल के एक छोटे-से शहर पडरौना में चला गया था, जो संचार साधनों से काफ़ी दूर था। वहाँ सात-आठ साल रहने के बाद मैंने पाया कि मैं उस कॉलेज का प्रिंसिपल हो गया हूँ। मैं चाहता नहीं था, पर हो गया था। इसी बीच जे.पी. आन्दोलन की पृष्ठभूमि बननी शुरू हुई थी। मेरा अपना गाँव जे.पी. के गाँव से बहुत दूर नहीं है। मैं जब दशहरे की छुट्टियों में गाँव गया, तो एक दिन यह सुनकर कि जे.पी. गाँव गए हैं और बीमार हैं, कुछ ग्रामीण मित्रों के साथ उन्हें देखने चला गया। इस बात का उल्लेख ख़ास तौर से इसलिए कर रहा हूँ कि मैं जितनी देर किंचित अस्वस्थ जे.पी. के पास बैठा रहा, वे लगातार 'दिनमान' और उसके सम्पादक रघुवीर सहाय की चर्चा करते रहे। मेरे वहाँ जाने का एक उद्देश्य यह भी था कि उन्हें अपने कॉलेज के छात्रसंघ का उद्घाटन करने के लिए आमंत्रित करूँगा। पर जे.पी. इसके लिए राजी नहीं हुए और उनका वह वाक्य मुझे याद है जो उन्होंने इनकार करते हुए कहा था—"भाषण बहुत दे चुका, उससे कुछ नहीं होने वाला है।" इस छोटे से वाक्य में सम्भावित आन्दोलन की चुप्पी निहित थी, जो बाद में एक विस्फोट के रूप में सामने आई। मेरे कॉलेज के छात्रसंघ का जो अध्यक्ष चुना गया था, वह युवक 'समाजवादी युवजन सभा' से सम्बद्ध था और कभी-कभी 'दिनमान' में छोटी-मोटी टिप्पणियाँ भी लिखा करता था। जे.पी. तो नहीं आ सके पर उस युवक और उसके कुछ गोरखपुरी मित्रों ने मिलकर तय किया कि रघुवीर सहाय को किसी बहाने बुलाया जाए। रघुवीर जी गोरखपुर आने के लिए राजी हो गए और पडरौना के पते पर मुझे पत्र लिखा कि आप भी अगर उस दिन गोरखपुर में रहें तो मुझे अच्छा लगेगा। साथ ही उन्होंने कुशीनगर देखने की इच्छा भी ज़ाहिर की थी। गोरखपुर, पडरौना से लगभग साठ किलोमीटर दूर है। मैंने जैसे-तैसे एक पुरानी जीप की व्यवस्था की और गोरखपुर पहुँच गया—पर तब पहुँचा जब रघुवीर जी का उद्घाटन भाषण ख़त्म हो रहा था। समाप्ति के बाद की चाय पार्टी में उनसे मिलना हुआ। इसके बाद उनकी इच्छा के अनुसार उस जर्जर-सी जीप पर कुशीनगर के लिए रवाना हो गए। उन्होंने बहुत-सी यात्राएँ की होंगी। पर उस

ऊबड़-खाबड़ और बीहड़ यात्रा का कुछ स्वाद ही अलग था।

कोई 15-20 किलोमीटर चलने के बाद गाड़ी का एक पहिया अचानक पंक्चर हो गया। उसे ठीक करने में जो आधे घंटे का समय लगा, उसके उपयोग का रघुवीर जी ने एक अद्भुत उपाय खोज निकाला। यहाँ इतना जोड़ दूँ कि गाड़ी जहाँ रुकी थी, उससे कुछ ही दूरी पर सरैया नाम की वह जगह थी, जहाँ कभी प्रसिद्ध पेंटर अमृता शेरगिल रह चुकी थीं। वहाँ उनके परिवार की एक शुगर फैक्ट्री थी, जो आज भी वहाँ मौजूद है। कहते हैं कि पं. जवाहरलाल नेहरू उन्नीस सौ तीस के दशक में जब गोरखपुर आए थे, तो उनसे मिलने सरैया भी गए थे। जब मैंने रघुवीर जी को यह बात बताई तो बोले—क्यों न हम सरैया होते हुए चलें। सड़क इतनी ख़राब थी और समय इतना कम कि हमें सरैया जाने का इरादा तर्क़ करना पड़ा। सोचता हूँ—जब पं. नेहरू वहाँ गए होंगे तो सड़क का क्या हाल रहा होगा? उसकी बदहाली की कल्पना करना भी आज असम्भव लगता है—साथ ही पं. नेहरू जैसे पश्चिमी संस्कारों में पले नेता के उस दुर्दम साहस की भी, जिसके सहारे उन्होंने उस गड्ढों-भरी कच्ची सड़क को पार किया होगा।

सरैया तो हम नहीं गए, पर उस समय के सदुपयोग का रघुवीर जी ने एक और उपाय खोज निकाला और शायद सरैया से भी अधिक सुन्दर। सड़क से कुछ दूरी पर उन्हें एक देहाती हाट दिखाई पड़ी, जहाँ से किसी बच्चे की पिपिहिरी की आवाज़ आ रही थी। रघुवीर जी ने उसे देखने का प्रस्ताव किया। जब हम उस भीड़ भरी हाट में पहुँचे तो मैं यह सोचकर हैरान था कि इस दिल्लीवासी अत्याधुनिक कवि को भला उस देहाती हाट में क्या मिलेगा? पर आश्चर्य कि रघुवीर जी ने उस धूल-भरी हाट की एक-एक चीज़ को बड़े ग़ौर से देखा, दुकानदारों से बातें कीं और कुछ के फ़ोटो भी लिये। चलते-चलते वे बर्तनों की छोटी-सी एक दुकान के सामने रुक गए। एकाध को उठाकर ग़ौर से देखा और दुकानदार से एक छोटी-सी लुटिया की क़ीमत पूछी। दुकानदार ने कुछ क़ीमत बताई, पर बताने से अधिक वह उस ख़रीदने वाले व्यक्ति को एक चकित अविश्वास से देखता रहा। पर रघुवीर जी को वह मामूली-सी लुटिया शायद अपने मामूलीपन के कारण ही

बेहतर भा गई थी। उन्होंने उसे ख़रीदा और रूमाल से झाड़-पोंछकर अपने बैग में रख लिया—इस तरह जैसे उन्हें अपनी उस यात्रा की चरम उपलब्धि मिल गई हो! दिल्ली आने के बाद कई बार मैंने रघुवीर जी से उस लुटिया के बारे में पूछा, पर वे हर बार मुस्कुराकर रह जाते थे।

इस सड़क-यात्रा का अन्तिम पड़ाव कुशीनगर था। उस देहाती हाट और लुटिया-प्रसंग ने हमारा इतना समय ले लिया था कि वहाँ पहुँचते-पहुँचते शाम हो गई। अन्ततः हम उस निर्वाण-स्थली के उस छोटें से स्तूप पर पहुँचे जो उस समय मिट्टी के बड़े से ढूह जैसा था, जिस पर चढ़ा जा सकता था। अब उसका सुधार-परिष्कार कर दिया गया है और उसे एक सम्पूर्ण स्तूप के आकार में बदल दिया गया है, जैसा वह पहले शायद कभी रहा होगा। स्तूप के ऊपर डूबते हुए सूर्य की ज़रा-सी रोशनी अब भी बची थी। रघुवीर जी को उस रोशनी तक पहुँचना ज़रूरी लगा—ताकि वहाँ से पूरे दृश्य को कैमरे में क़ैद किया जा सके। मुझे याद है कि तब तक मेरे एक स्थानीय मित्र कैलाशपति निषाद भी बगल के गाँव से वहाँ पहुँच गए थे। स्तूप पर उगे झाड़-झँखाड़ को चीरते हुए रास्ता उन्होंने ही निकाला। स्तूप पर चढ़कर रघुवीर जी की आँखों में लगभग वैसी ही प्रसन्नता थी, जैसी शायद एडमंड हिलेरी को एवरेस्ट पर पहुँचकर हुई होगी। वहाँ से उन्होंने कुशीनगर नामक ऐतिहासिक नदी के अनेक फ़ोटोग्राफ़ लिये। दो-एक मेरे और कैलाशपति निषाद के भी। कुछ बाद में मुझे पडरौना के पते पर भेजे भी थे। अपने लगातार स्थानान्तरित होने के दरम्यान मैंने पता नहीं उन्हें कहाँ खो दिया। आज इतने वर्षों बाद सोचता हूँ तो लगता है कि रघुवीर जी के साथ स्तूप के उस शिखर पर बिताए हुए वे कुछ क्षण उनके साथ मेरे लम्बे अनुजवत सम्बन्ध के शिखर-क्षण थे। बनारस-यात्रा में तो उनकी इच्छा के बावजूद मैं उन्हें सारनाथ न दिखा सका। पर उसके अनेक वर्षों बाद मैं उनको कुशीनगर दिखा सका और वह भी स्तूप के शिखर पर चढ़कर—इसका सन्तोष तो है ही।

प्रतिभा का कोई विकल्प नहीं

नामवरजी के बारे में लिखना कठिन काम है—मेरे लिए लगभग वैसा ही कठिन, जैसे बनारस पर कविता लिखना। मैंने कुछ समय पहले बनारस पर एक कविता लिखी थी और मैं ही जानता हूँ कि किस तरह पसीना आ गया था लिखते-लिखते। ख़ैर, कविता तो जैसी-तैसी बन गई। पर यह लेख कहाँ से शुरू करूँ, कुछ समझ में नहीं आता। काफ़ी समय तक यह सोचकर टालता रहा कि कभी इत्मीनान से लिखूँगा। फिर चीज़ों को टालते जाने का अपना ही मज़ा होता है और मुझे उसमें कई बार एक अजब-सा सुख मिलता है। कुछ दिन पहले अचानक ख़याल आया कि यदि जल्दी-जल्दी में लेख नहीं बनता तो क्यों न नामवरजी से एक लम्बी बातचीत ही कर डालूँ। सो, एक दिन बातों-बातों में एक प्रश्नावली बन गई और मैंने उसे उनकी ओर बढ़ा दिया। नामवरजी प्रश्नों का सामना लगभग एक योद्धा की तरह करते हैं—एक अत्यन्त कुशल और संयत योद्धा, जिसे पता है कि कौन-सा वार प्रतिद्वंद्वी को निरस्त कर सकता है। मैंने उन्हें असंख्य बार प्रश्नों की बौछार के बीच, माइक के पास निष्कम्प खड़े देखा है। पर उस दिन एक निहायत छोटा-सा सवाल उनके सामने था और मैंने देखा कि वे पहली बार उसके सामने स्वयं को निहत्था महसूस कर रहे हैं। सवाल सीधा-सा था—"आपने कवि से आलोचक बनने का निर्णय कब और क्यों लिया?" उन्होंने इसका उत्तर देने के लिए समय माँगा और इस सीधे-सादे सवाल से बचने की कोशिश में मुझे आलोचक नामवर सिंह को समझने की कुंजी मिल गई।

नामवरजी की आरम्भिक पहचान एक कवि के रूप में बनी थी। वे गोष्ठियों-सम्मेलनों में जाते थे और रस लेकर अपनी कविताएँ पढ़ते थे। उनकी कविताएँ उस समय के प्रचलित फ़ैशन से अलग होती थीं। उनमें एक ताज़गी भी होती थी और एक ख़ास तरह की ऐन्द्रिकता भी। जहाँ तक मुझे याद है, नामवर जी ने 'नीम के फूल' नाम से अपनी कविताओं का एक संग्रह भी तैयार किया था, जो छपते-छपते रह गया। यह प्रकृति का विचित्र न्याय है कि उनका निबन्ध-संग्रह ('बक़लम ख़ुद') तो छपकर आ गया, जबकि वे निबन्धकार के रूप में जाने नहीं जाते थे और कविता-संग्रह नहीं आ सका। (सम्भवत: प्रेस के अचानक ठप्प हो जाने के कारण), जबकि वे जाने जाते थे कवि के रूप में ही। मैं कई बार सोचता हूँ कि यदि वह संग्रह आ गया होता तो क्या नामवरजी के विकास का 'ग्राफ़' वही होता जिसे आज हम जानते हैं?

आज यदि कहा जाय कि नामवर सिंह मूलत: कवि हैं तो बहुतों को अटपटा लगेगा और कइयों को तो विश्वास भी नहीं होगा। पर सचाई यह है कि अपने आलोचना-कर्म के बीच भी उनके भीतर का कवि हमेशा जीवित रहता है—जीवित ही नहीं, सक्रिय और रचनारत भी। पर इसकी पड़ताल फिर कभी। अभी तो बस इतना ही कि मैं नामवरजी के बारे में जब भी सोचता हूँ तो मेरे सामने सबसे पहले उनका आलोचना-कर्म नहीं आता—कविता की बहुत-सी पंक्तियाँ आती हैं, जिन्हें मैंने उन दिनों सुना था, जब साहित्य का ककहरा सीख रहा था। अपने स्कूली छात्र-मित्रों के मुँह से मैंने उनकी जिस कविता की चर्चा पहली बार सुनी थी, उसकी एक पंक्ति अब तक याद है—'तान के सोता रहा जल-चादर, वायु-सा खींच जगा गया कोई'। यह सवैया के ढर्रे पर लिखी गई कविता थी, जिसका ढाँचा तो पुराना था, पर उसमें संवेदना की एक बिलकुल नई हरकत थी—'वायु-सा खींच जगा गया कोई'। मुझे नामवर जी के विकास के एकदम शुरुआती दौर में, सहसा जग पड़ने के इस बिम्ब का आना महत्त्वपूर्ण लगता है। आगे की उनकी सारी यात्रा इसी 'जग पड़ने' के एहसास के जटिल, बहुआयामी और गहन से गहनतर होते जाने का इतिहास है। कविता उनके साथ

हमेशा रही है—तब भी जब वे कहानी पर लेख लिख रहे थे और तब भी जब प्रेमचन्द या किसी दूसरे विषय पर भाषण दे रहे होते हैं और दावे के साथ यह कौन कह सकता है कि अगर अचानक उनकी डायरी किसी के हाथ लग जाय तो उसमें कविताएँ नहीं होंगी!

नामवर सिंह अपने वेश-विन्यास में ही नहीं, अपनी पूरी साहित्यिक बनावट में भी ठेठ बनारसी हैं। यह बनारसीपन उनकी ढाल और उनका तरकश दोनों है। कई बार उनके इस सहज बनारसीपन को उनका अक्खड़पन भी समझ लिया जाता है। बनारस की आबो-हवा ही कुछ ऐसी है कि वहाँ रहकर कालबद्ध या समकालिक होना बहुत कठिन है। भारतेन्दु, प्रेमचन्द और प्रसाद हो गए—यह उन साहित्यकारों की अकूत रचनात्मक ऊर्जा का एक और प्रमाण है। वरना जिस शहर का मिज़ाज ही त्रिकालातीत हो, वहाँ आधुनिकता या समकालिकता कैसी? वहाँ मानो सारा समय निचुड़कर एक ही बिन्दु पर शिलीभूत हो गया है। फिर ऐसे शहर में यदि कोई अपने बौद्धिक कर्म में कालबद्ध या समकालिक होने का प्रयास करे तो इसे एक दुस्साहस ही जाना जाएगा। बनारस की दृष्टि में यह गम्भीर अपराध है, जिसे वह कभी माफ़ नहीं करता। उसने कबीर को माफ़ नहीं किया—यहाँ तक कि 'दारिद दसानन दबाई दुनी' लिखनेवाले तुलसीदास को भी नहीं। आधुनिक काल में हजारीप्रसाद द्विवेदी और त्रिलोचन भी इसी कड़ी में आते हैं। और फिर नामवर सिंह भी। 'दूसरी परम्परा की खोज' की भूमिका में एक चुभता हुआ छोटा-सा वाक्य है—'मेरा सूकर खेत काशी ही रहा। अभिधा में भी'...इस कथन में सिर्फ़ व्यंग्य ही नहीं, एक गहरी पीड़ा भी है—जैसे अपनी ही पीठ पर कोई स्वयं कोड़ा मारे। नामवर सिंह, इस विलक्षण लगाव के बावजूद, बनारस में खप नहीं सके और उनका दोष सिर्फ़ इतना था कि उनके पास एक प्रखर प्रतिभा थी और एक बौद्धिक साहस भी, जिसके बिना प्रतिभा जीवित नहीं रहती। यह स्वाधीनता के बाद शिक्षा के प्रबन्ध-तंत्र में बढ़ती हुई मूल्यहीनता और जड़ता का सबसे बड़ा प्रमाण है कि सिर्फ़ अपनी बौद्धिक श्रेष्ठता और प्रतिभा के कारण जहाँ गुरु आचार्य हजारीप्रसाद द्विवेदी

को अपने विश्वविद्यालय पद से च्युत होना पड़ा, वहाँ शिष्य नामवर सिंह को लगभग दस वर्ष के लिए किसी भी शिक्षा-संस्थान से बहिष्कृत रहने का दंड भोगना पड़ा।

अब मैं सोचता हूँ तो मुझे लगता है कि बनारस छोड़ना नामवरजी के लिए एक तरह का वरदान ही साबित हुआ, क्योंकि माहौल जैसा बन गया था, उसमें दो ही रास्ते बच गए थे—या तो आदमी त्रिकालातीत हो जाय और मज़े में रहे या फिर टूट जाने का ख़तरा उठाकर भी चुनौतियों का सामना करे। चुनौतियाँ दिल्ली में कम नहीं हैं, बल्कि कई अर्थों में कुछ ज़्यादा ही हैं और नामवर सिंह को उनका भी सामना करना पड़ा है। पर कुछ समय पहले तक दिल्ली का साहित्यिक परिदृश्य लगभग एक कोरी स्लेट की तरह था—और एक हद तक आज भी है—जहाँ लिखने का अपना नया साँचा या कहें नया प्रतिमान, बनाया जा सकता था। बनारस की पटिया इतनी इबारतों से भरी थी कि पहले उसको धो-पोंछकर साफ़ किए बिना नई इबारत लिखी नहीं जा सकती थी। फिर दिल्ली जाने-अनजाने लेखक को एक अखिल भारतीय पृष्ठभूमि दे देती है, उसका अपना एक अलग अर्थ है। नामवरजी सन् 1965 में पहली बार रहने के लिए दिल्ली आए और सन् 68 के शुरू में 'कविता के नए प्रतिमान' का प्रकाशन हुआ। ये एक तरह से नामवर सिंह के गर्दिश के दिन थे और कैसा विचित्र संयोग है कि इसी बीच उनके भीतर कविता के लिए नए प्रतिमानों की खोज की चिन्ता भी पैदा हुई। क्या इसे महज संयोग मान लिया जाए कि उनके भीतर नए प्रतिमानों की चिन्ता उस समय शुरू हुई जब वे दिल्ली में सिर छिपाने के लिए किसी अपेक्षाकृत अधिक स्थायी या अधिक उपयुक्त आश्रय की तलाश कर रहे थे। जीविका के लिए संघर्ष और नए प्रतिमानों की चिन्ता, इन दोनों में कोई-न-कोई रिश्ता ज़रूर होना चाहिए। क्या यह अकारण है कि उन्होंने अपने पूरे काव्य-चिन्तन को आधार देने के लिए जो कृति चुनी, उसका शीर्षक था 'अँधेरे में'। क्या यह भी एकदम आकस्मिक है कि 'कविता के नए प्रतिमान' का एक प्रमुख बीज-शब्द है 'तनाव'। मैं प्रस्तावित प्रतिमानों की उपयुक्तता या

अनुपयुक्तता की बात यहाँ नहीं कर रहा। मैं सिर्फ़ उस विशिष्ट शब्दावली और साहित्यिक सन्दर्भों की ओर ध्यान आकृष्ट करना चाहता हूँ, जिनके सहारे वह पूरी पुस्तक लिखी गई थी। शायद उनमें नामवर सिंह के आत्मसंघर्ष की कहीं कोई धुँधली-सी झलक मिल जाए।

पर इन सारी बातों के बावजूद, तथ्य यह है कि 'कविता के नए प्रतिमान' नामवर जी की थोड़ी असहज कृति है—बनारस से दिल्ली आए युवक की एक साहित्यिक छलाँग, जिसमें निर्णय का एक अतिशय साहस भी था और एक विशेष प्रकार का बौद्धिक चौकन्नापन भी। यह एक तरह से एकेडेमिक दुनिया से बाहर आए व्यक्ति का कविता के पुराने मूल्यों को धकियाकर काव्यालोचन का एक नया ढाँचा तैयार करने का प्रयास था। इसमें लेखक कितना सफल या असफल हुआ, यह उतना महत्त्वपूर्ण नहीं है। महत्त्वपूर्ण यह है कि उसने पूरी गहराई के साथ इस सचाई की तल्ख़ी को महसूस कराया कि बहुत-से पुराने प्रतिमान अपनी अर्थवत्ता खो चुके हैं। वास्तविकता यह है कि नए प्रतिमानों की खोज की प्रक्रिया, 'कविता के नए प्रतिमान' के लिखे जाने के साथ समाप्त नहीं हो गई थी, बल्कि सिर्फ़ शुरू हुई थी, जो किसी न किसी रूप में आज भी जारी है—दूसरों के लिए भी और स्वयं उस कृति के लेखक के लिए भी।

पिछले कुछ समय से मुझे लगातार लगता रहा है कि 'दूसरी परम्परा की खोज' के बाद से नामवरजी के चिन्तन के स्वरूप में एक महत्त्वपूर्ण परिवर्तन आया है। इस परिवर्तन का रुख़ हिन्दी की ठेठ जातीय परम्परा की ओर अधिक है, जिसकी झलक उनकी साहित्यिक वरीयताओं में भी देखी जा सकती है और स्वयं उनकी भाषा में भी। इस परिवर्तन की शुरुआत ठीक-ठीक कब हुई, यह तो नामवरजी ही बता सकते हैं, पर मुझे 1980 की एक साहित्यिक शाम याद आ रही है, जब उन्हें समकालीन कविता पर भाषण करना था। गोष्ठी में जाने से पूर्व उन्होंने जानना चाहा कि आज के सबसे महत्त्वपूर्ण युवा कवि कौन-से हैं? मैंने हँसते हुए कहा—"नागार्जुन और त्रिलोचन—यही दो वृद्ध कवि सबसे

युवा दिखते हैं।" उन्होंने सहमति व्यक्त की और बोले—"नागार्जुन को लेकर कोई कठिनाई नहीं है—क्योंकि उनके यहाँ जीवन और समाज की तसवीर बहुत साफ़ है। पर त्रिलोचन की सादगी में एक अजीब-सी पेंच है, जिसका सामना करने के लिए आलोचना के नए औज़ारों की ज़रूरत होगी और उनकी तलाश अभी मैं नहीं कर सकता हूँ।... बहरहाल, उस शाम उन्होंने जो भाषण दिया, वह लगभग इन्हीं दो कवियों पर केन्द्रित था, जिसे सुनकर वे लोग थोड़ा चौंके भी, जो यह मानकर बैठे थे कि वे 'कविता के नए प्रतिमान' के लेखक को सुन रहे हैं। मेरा ख़याल है कि यह आलोचक नामवर सिंह के पूरे चिन्तन का एक निर्णायक मोड़ था।

विचार के एक मोड़ से दूसरे पर जाना हमेशा एक लम्बा और पीड़ादायक अनुभव होता है और नामवर सिंह इसके अपवाद नहीं हैं। नागार्जुन के कृतित्व को लेकर तो उन्होंने अपना शास्त्र बना लिया, पर त्रिलोचन की अर्थवत्ता तक पहुँचने में उन्हें कोई सात वर्ष लग गए। नामवर सिंह के साथ एक ख़ास बात यह है कि वे तुरत-फुरत कुछ भी स्वीकार नहीं करते। धीरज उनके पास अपार है और शब्दों से जूझने की क्षमता अकूत। सो उनका तरीक़ा, जैसाकि मैं समझ सका हूँ, यह है कि वे विचार को धीरे-धीरे पकने के लिए छोड़ देते हैं, इन्तज़ार करते हैं, आँच धीमी न पड़े, इसके लिए बाहर से तथ्यों और सन्दर्भों की ज़रूरत-भर फूँक देते रहते हैं और इस तरह तैयार होता है, एक पूर्ण परिपक्व विचार। इसीलिए उनके हर नए विचार में झकझोर देने की एक अद्‌भुत ताक़त होती है (और वह विचार ही क्या जो विरोधी मत को झकझोरकर न रख दे), जिससे आप असहमत हो सकते हैं, पर ख़ारिज नहीं कर सकते। अन्य आलोचकों से उनकी पद्धति इस मानी में थोड़ी भिन्न है कि वे विचार से रचना की ओर कभी नहीं जाते, रचना से गुज़रते हुए विचार तक पहुँचने की कोशिश करते हैं। इसलिए हर महत्त्वपूर्ण रचना उनके लिए एक चुनौती होती है—कला की ओर से उठनेवाली एक नई माँग, चुप्पी और ध्वनियों से जूझने का एक नया आमंत्रण, जिसके सामने सारा पूर्व-अर्जित आलोचनात्मक ज्ञान अपर्याप्त लगने लगता है। यही कारण है कि

'चम्पा काले-काले अच्छर नहीं चीन्हती'—जैसी सीधी-सरल कविता भी उनके लिए आलोचना-कर्म की कठोर कसौटी बन जाती है और वे दम तभी लेते हैं, जब उसके लिए एक नए काव्यशास्त्र की तलाश कर लेते हैं। एक काव्यशास्त्र उन्होंने 'कविता के नए प्रतिमान' में गढ़ा था और फिर त्रिलोचन या नागार्जुन के लिए एक नए काव्यशास्त्र की तलाश करते हैं। यह एक तरह से अपने ही पूर्व प्रतिमानों के सामने प्रश्नचिह्न लगाने की तरह है। यह एक दायित्वपूर्ण और ईमानदार कोशिश है, जिसमें आलोचक की सौन्दर्य-दृष्टि का विस्तार भी देखा जा सकता है और एक दृढ़ नैतिक साहस भी, जो हमेशा ही श्रेष्ठ आलोचना का अनिवार्य गुण होता है।

नामवर सिंह विवादों में जीने वाले व्यक्ति हैं। जब विवाद नहीं होते तो उनके विरोधियों को भी सूना-सूना लगता है और शायद उन्हें भी। पिछले दस-पन्द्रह वर्षों में जितना उनके विरुद्ध लिखा गया है, उतना शायद किसी अन्य के विरुद्ध नहीं। कई बार मैं चकित होकर उन्हें देखता हूँ और सोचता हूँ कि वह कौन-सी रहस्यमय ताक़त है जो हर विरोध के बाद उन्हें न सिर्फ़ टूटने से बचाती है, बल्कि और पुख़्ता बनाती है—पढ़ने और जानने के लिए और उत्सुक, और बेचैन। हिन्दी में शायद पहली बार ऐसा हुआ है कि एक आलोचक पूरे रचनात्मक परिदृश्य का केन्द्रीय व्यक्तित्व बन गया है। यह समकालीन रचनाशीलता पर स्वयं में एक टिप्पणी है, और बेशक एक सख़्त टिप्पणी।

बहुत पहले त्रिलोचन से नामवरजी के बारे में कभी कहा था कि उनके पास 'पुस्तक-पकी' आँखें हैं। परन्तु वे सिर्फ़ 'पुस्तक-पकी' होतीं तो कोई ख़ास बात न थी। उनके पास वे अनुभव-पकी आँखें भी हैं—बहुत कुछ एक पूरबी किसान जैसी—जो हर चीज़ को पहले ठोकतीं-बजातीं और पूछतीं-परखतीं हैं—तब जाकर कोई निर्णय लेती हैं। पर यह भी सच है कि नामवर सिंह को सबसे अधिक सुकून किताबों के बीच ही मिलता है। किताबें उनके लिए उस घर की तरह हैं, जहाँ हर बार आदमी लौटकर जाता है। उनके भीतर विचारों और सूचनाओं के स्तर पर अपने आपको अधुनातन और तरोताज़ा बनाए

रखने की एक अद्‌भुत बेचैनी है। पढ़ने की यह भूख उनके भीतर बहुत कुछ भस्मक रोग की तरह है। अखरने वाली बात यह है कि काम बहुधा वे अपने लेखन-कर्म की क़ीमत पर करते हैं। एक लेखक के लिए, मुझे यह ज़रूरी लगता है कि वह पढ़ने के बीच में अन्तराल भी देता चले—ताकि उस ख़ालीपन को अपने रचना-कर्म से भर सके। यह बात नामवरजी के भाषणों के बारे में भी कही जा सकती है। इसमें शक नहीं कि इस समय वे हिन्दी के सर्वश्रेष्ठ वक्ता हैं और यहाँ भी वे अपनी गुरु-परम्परा का ही विस्तार कर रहे हैं। पर कई बार यह वक्तृत्व की कला भी लेखन-कर्म में आड़े आती है—ख़ास तौर से तब, जब भाषण अलिखित रूप में दिया जा रहा हो। होता यह है कि जब एक नया विचार मंच पर एक बार अभिव्यक्ति पा जाता है तो फिर बोलनेवाले को मानो उसे लिपिबद्ध करने की आन्तरिक विवशता से छुट्टी मिल जाती है। फिर बात जहाँ की तहाँ रह जाती है। पर स्थिति यह है कि भाषण देना नामवरजी के लिए साधु बाबा की कमरिया हो गया है—वे तो उसे छोड़ दें, कमरिया छोड़े तब न!

नामवरजी के इधर के गद्य को देखकर एक नई आहट का संकेत मिलता है। लगता है कि वे हिन्दी गद्य के 'क्लैसिकल' रंग को फिर से पकड़ने की कोशिश कर रहे हैं। यह नामवर सिंह की भाषा की सहज भूमि है, जिसकी आरम्भिक झलक उनके पहले निबन्ध-संग्रह 'बक़लम ख़ुद' में मिली थी। सुन्दर गद्य का नमूना आलोचना के क्षेत्र में लगभग दुर्लभ होता जा रहा है—समकालीन आलोचना में तो और भी। ऐसी स्थिति में यदि नामवर सिंह आज की आलोचना में हिन्दी के जातीय गद्य को फिर से प्रतिष्ठित करने की कोशिश कर रहे हैं तो मेरे जैसे लोगों के लिए यह एक महत्त्वपूर्ण घटना है—एक ऐसी कोशिश, जिसके नतीजों को दिलचस्पी के साथ देखा जाएगा। भाषा का यह नया रंग वस्तुतः नामवर सिंह के नए साहित्यिक चिन्तन की दिशा की ओर संकेत करता है। इस चिन्तन का पहला आभास 'दूसरी परम्परा की खोज' में मिला था और यह कहने की आवश्यकता नहीं कि उससे निकलने वाली तर्क-प्रणाली दूर तक जाती है। उस

छूटे हुए काम को पूरा करने और आज के साहित्य के दूसरे बहुत-से उलझे हुए सवालों से टकराने की क्षमता यदि नामवर सिंह में नहीं है तो फिर और कहाँ है—मैं नहीं जानता।

सहचर

श्रीकान्त वर्मा
दीवार पर खड़िया से लिखा एक नाम

श्रीकान्त वर्मा मेरे समकालीन थे—लेकिन सिर्फ़ समकालीन नहीं थे। पिछले तीस-बत्तीस वर्षों के लम्बे काल-विस्तार में हमारा परिचय एक ऐसे स्तर पर पहुँच सका था, जिसे बोलचाल की भाषा में मैत्री कहते हैं। यह एक विलक्षण सम्बन्ध था, जिसमें किसी को किसी से कोई अपेक्षा नहीं थी। सिर्फ़ अपने समय की एक ही अन्तर्धारा से जुड़े रहने का एक बोध था, जो हमें कहीं-न-कहीं जोड़ता था। मुझे याद है, पहली बार शायद 1953 या 54 में मुझे बिलासपुर से उनका एक पत्र मिला था, जिसमें 'नई दिशा' के लिए उन्होंने कविता माँगी थी। तब मैं बनारस में था और अभी नया-नया लिखना शुरू किया था। उनके पत्र की इबारत तो भूल गई है, पर उसका जो तात्कालिक प्रभाव मेरे मन पर पड़ा था, उसकी धुँधली-सी याद आज भी है। यह नई कविता के उभार का ज़माना था और कुछ कवि-आलोचकों द्वारा एक ख़ास तरह के अभिजात सौन्दर्यबोध को युगबोध के रूप में प्रतिष्ठित करने का अभियान शुरू हो गया था। मुझे याद है कि श्रीकान्त वर्मा के उस पहले पत्र में इसके विरुद्ध एक तीखी प्रतिक्रिया थी। तब वे मुक्तिबोध के निकट सम्पर्क में थे और लगभग उन्हीं की कविताओं और विचारों के आलोक में अपना रास्ता तलाश रहे थे। उस पत्र के बाद थोड़े-थोड़े अन्तराल पर उनके पत्र बराबर आते रहे, इस सुस्ती के बावजूद कि कई बार मैं उन पत्रों का उत्तर तुरत नहीं दे पाता था। शायद 'नई दिशा' के दूसरे अंक के लिए मैंने एक कविता भेजी थी, जो उसमें छपी थी और अगर मैं भूलता नहीं

तो वही उस पत्रिका का अन्तिम अंक भी था। लाख प्रयास करने के बाद भी वे उसका अगला अंक नहीं निकाल सके। उनके लिए यह पहला साहित्यिक झटका था, जिसे वे अपने युवकोचित उत्साह और स्वत:स्फूर्त रचनाशीलता के कारण सहज ही झेल गए थे।

'नई दिशा' के बन्द होने के बाद भी, श्रीकान्तजी के साथ जो पत्राचार का सिलसिला शुरू हुआ था, वह जारी रहा। अब वे 'वसुधा' में गत मास के साहित्य पर टिप्पणियाँ लिखने लगे थे। उन टिप्पणियों को यदि आज उलट-पलटकर देखा जाय तो उनमें न सिर्फ़ उनके आरम्भिक विकास की झलक मिलेगी, बल्कि वहाँ यह भी देखा जा सकता है कि किस तरह प्रस्तावित और प्रचारित नई कविता के विरुद्ध देशी चरित्र वाली एक और तरह की नई कविता को सामने लाने की कोशिश की जा रही थी। वे टिप्पणियाँ केवल सद्य:प्रकाशित साहित्य का लेखा-जोखा नहीं होती थीं, बल्कि श्रीकान्तजी उनका इस्तेमाल एक साहित्यिक हथियार की तरह कर रहे थे और उनके सामने यह बिलकुल साफ़ था कि किसका समर्थन करना है और किसका विरोध। यह विलक्षण लड़ाई जहाँ बैठकर वे लड़ रहे थे, वह एक छोटा-सा शहर था, बल्कि कहना चाहिए एक बड़ा-सा क़स्बा और उनके स्तर में एक हल्की-सी कचास के साथ जो एक अद्‌भुत आत्मविश्वास था, वह इस बात का सबूत था कि अब छोटे शहर और क़स्बे भी अपनी स्थानीयता के यथार्थ को और उस यथार्थ में छिपी शक्ति को पहचानने लगे थे। श्रीकान्त वर्मा ने अपनी साहित्यिक यात्रा इसी जानी-पहचानी ठोस क़स्बाई भावभूमि से शुरू की थी।

यह क़स्बाई लगाव श्रीकान्तजी के साहित्य में बराबर बना रहा। जो लोग उन्हें निकट से जानते हैं, वे यह भी जानते हैं कि आधुनिक जीवन के सारे ताम-झाम के बीच उनके भीतर एक चौकन्ना क़स्बाई इन्सान हमेशा मौजूद रहता था। यह चौकन्नापन लगभग उसी तरह का था, जैसा एक छोटे शहर से महानगर में आने वाले व्यक्ति में पहले-पहल होता है। इस चौकन्नेपन को एक बार उनकी कविताओं में भी लक्ष्य किया जा सकता है। बहुत-से लोगों के लिए यह कल्पना

करना कठिन होगा कि वे अपने क़स्बाई जीवन की जड़ों के बीच जाकर कितने सहज और तनावमुक्त हो जाते थे। मुझे एक बार उनके साथ बिलासपुर जाने का अवसर मिला था। यह शायद सन् 82 की फ़रवरी की बात होगी। वहाँ जो लोग उनसे मिलने आए, उनमें उनके पुराने अध्यापक, मित्र और शिष्य भी थे। उस शाम मेरा एक बिलकुल नए श्रीकान्त वर्मा से साक्षात्कार हुआ—उन्मुक्त, भावुक और जल की तरह तरल। श्रीकान्त वर्मा उस शाम देर तक बिलासपुर में बिताए अपने आरम्भिक दिनों की संघर्ष-कथा सुनाते रहे। मैंने देखा कि इन भावुक क्षणों में भी उनकी व्यंग्य-प्रतिभा पूरी तरह जागरूक थी। अचानक उन्हें अपने उन दिनों के एक साहित्यिक प्रतिद्वंद्वी की याद आई और फिर वे देर तक उस कैशोर प्रतिद्वंद्विता की निरर्थकता पर हँसते रहे। इस हँसी में कोई विद्वेष नहीं था, सिर्फ़ एक वयस्क करुणा थी जो जितनी प्रतिद्वंद्वी पर थी, उतनी ही अपने पर थी। मुझे बराबर लगता है कि इस क़स्बाई लगाव ने श्रीकान्तजी की लम्बी काव्ययात्रा में हमेशा एक 'सेंसर' का काम किया है—सारे पश्चिमी प्रभाव के बीच एक चुपचाप सजग और सक्रिय 'सेल्फ़ सेंसर'।

इसी यात्रा का एक और प्रसंग मुझे याद आ रहा है। अगले दिन मुझे श्रीकान्तजी के साथ कोरबा जाना पड़ा, जो बिलासपुर से कोई डेढ़-दो सौ किलोमीटर की दूरी पर बसा एक नया औद्योगिक केन्द्र है। वहाँ जाने के पीछे उनका एक व्यक्तिगत प्रयोजन था, जिसका ज़िक्र उन्होंने मुझसे नहीं किया। शालबनों के बीच से जाने वाली लम्बी सड़कों और पहाड़ी ढलानों से होते हुए जब हम उस पथरीले शहर के बाहरी हिस्से में पहुँचे तो हमारी गाड़ी मानो किसी पूर्वनिश्चित कार्यक्रम के अनुसार सबसे पहले एक अस्पताल के अहाते में दाख़िल हुई। फिर किसी एक स्थानीय व्यक्ति की सहायता से हम बरामदों और गलियारों को पार करते हुए रोगियों के कक्ष में ले जाए गए। मुझे यह देखकर परम आश्चर्य हुआ कि वहाँ पहुँचकर श्रीकान्तजी बड़े सहज भाव से एक वृद्ध रोगी से बातचीत करने लगे। मैंने ध्यान से सुना, बातचीत अंग्रेजी में हो रही थी। मुझे बाद में पता चला कि जिस व्यक्ति से बातचीत कर रहे थे, वह और कोई नहीं, स्वयं उनके वृद्ध पिता

थे, जो काफ़ी दिनों से रोगशय्या पर पड़े थे। मुझे पिता-पुत्र का यह मिलन कई दृष्टियों से अद्‌भुत लगा—एक गम्भीर और शान्त मिलन, जिसमें कहीं कोई भावुकता नहीं थी। मुझे उस यात्रा में—श्रीकान्तजी की रचना के दोनों छोर एक साथ देखने को मिल गए—उनकी गहरी क़स्बाई संवेदना और उनकी तीखी निर्वैयक्तिक आधुनिकता। उनके व्यक्तित्व के दोनों ही रंग। उनकी कविता का ताना-बाना इन्हीं दोनों तत्त्वों के तनाव और कई बार उनके मिश्रण से बना था।

सन् 1976 के अगस्त में जब मैं नया-नया दिल्ली आया तो उस समय श्रीकान्तजी नार्थ एवेन्यू में रहते थे। संयोगवश मुझे भी उनके पड़ोस में ही रहने के लिए एक कमरा मिल गया। वहाँ रहते हुए प्राय: रोज़ ही उनसे मिलना होता था। ये आपातकाल के दिन थे और श्रीकान्तजी उस दल के सदस्य और एम.पी. थे, जिसने देश पर आपातकाल लागू किया था। वे पूरी निष्ठा के साथ दल के लिए काम कर रहे थे, पर अपने आत्मीय क्षणों में कई बार भीतर से परेशान भी दिखते थे। मैंने लक्ष्य किया कि उनकी बहस का स्वर धीरे-धीरे धीमा होने लगा था और कहीं गहरे में वे अपने ही प्रश्नों से घिरने लगे थे। यह उनके जीवन का शायद सबसे रचनाशून्य काल था। कविता में युवा-विद्रोह और अकविता के स्वर ठंडे पड़ चुके थे और चर्चाओं में पूरे काव्य-परिदृश्य पर मुक्तिबोध का व्यक्तित्व छाया हुआ था। इसी सन्दर्भ में एक शाम उनके साथ अस्तित्ववाद की चर्चा छिड़ गई। वे उस दिन कुछ थके हुए-से दीख रहे थे और शायद कुछ अस्वस्थ भी। बोले, "केदारजी, मुझे लगता है कि अस्तित्ववाद हिन्दी में एक अस्वास्थ्यकर प्रभाव के रूप में आया था। उसने साहित्य को कम और हमारे जीवन और सोचने के ढंग को अधिक प्रभावित किया। यह एक दुर्घटना थी, जिसके असर से उबरने में मुक्तिबोध की कविताओं ने बहुत महत्त्वपूर्ण भूमिका अदा की।" मैंने उन्हें याद दिलाया कि कुछ आलोचकों ने स्वयं मुक्तिबोध पर—ख़ास तौर से उनकी कविता 'अँधेरे में' पर अस्तित्ववाद के प्रभाव का आरोप लगाया है। उन्होंने कहा, "नहीं, यह आरोप हास्यास्पद है। मुक्तिबोध की जड़ें अपने देश और अपने समय में बहुत गहरी थीं।" फिर उन्होंने इसी सन्दर्भ में इस बात की

विस्तार से चर्चा की कि 'ब्रह्मराक्षस' कविता के अनुवाद को लेकर अमेरिकी अनुवादकों के सामने क्या समस्या खड़ी हुई थी। समस्या यह थी कि अंग्रेजी में ब्रह्मराक्षस का क्या किया जाय? इस शब्द का कोई प्रतिशब्द वहाँ था ही नहीं। फिर हुआ यह कि ब्रह्मराक्षस को अंग्रेजी में भी ब्रह्मराक्षस ही रहने दिया गया और नीचे टिप्पणी दे दी गई। फिर हँसते हुए उन्होंने कहा—"कारण यह था कि मुक्तिबोध का ब्रह्मराक्षस 'नदी के द्वीप' की तरह कहीं बाहर से तो आया नहीं था। वह सदियों से हमारे लोकविश्वास में जीवित था और मुक्तिबोध उसे वहीं से उठा लाए थे।" मैंने हर बार लक्ष्य किया था कि श्रीकान्तजी जब मुक्तिबोध की चर्चा करते थे तो उनकी भारी आवाज़ थोड़ी कोमल हो जाती थी और उनकी आँखों में एक नई चमक आ जाती थी।

उन्हीं दिनों की एक छोटी-सी घटना याद आती है। इतवार का दिन था और उनसे सुबह-सुबह मिलने की बात थी। मैं पहुँचा तो वे तैयार बैठे थे। बोले—"चलिए, चलते हैं।" मैंने पूछा—"कहाँ?" बोले—"चिड़ियाघर।" मैंने कहा—"चिड़ियाघर क्यों?" बोले—"और कहाँ?" इस 'और कहाँ' का उत्तर चिड़ियाघर हो सकता है, मैंने सोचा तक नहीं था। मुझे 'चिड़ियाघर' जाना कुछ अजब-सा लग रहा था। पर उनका आग्रह था, इसलिए जाना पड़ा और जब गए तो फिर घंटा-दो घंटा नहीं, लगभग पूरा दिन भालुओं, चीतों और गैंडों के बीच बिताया। थक गए तो वहीं ढाबे से रोटियाँ ख़रीदीं और एक बड़े-से झंखाड़ पेड़ के नीचे बैठकर उन्हें खाया। उस दिन वे बड़े 'मूड' में थे और मैं नहीं जानता, वह कौन-सी पीड़ा थी जो उन्हें सत्ता की दुनिया से खींचकर पशुओं की दुनिया में ले गई थी। जब हम लौट रहे थे तो वे अचानक एक गैंडे को देखकर रुक गए। बोले—"उसकी आँखों को ज़रा ग़ौर से देखिए। वहाँ एक अजब-सी कातर तरलता है। मुझे उस तरलता को देखकर अपने बिलासपुर के दिनों की याद आती है।" मैं तत्काल उनके आशय को पूरी तरह समझ नहीं सका। पर गैंडे की आँखों को देखकर बिलासपुर के दिनों की याद आने वाली उनकी बात मुझे बहुत दूर तक मथती रही।

श्रीकान्तजी के साहित्य के अकेलेपन का ज़िक्र बार-बार आता है—यहाँ तक कि वहाँ प्रेम भी आता है तो व्यक्ति को और अकेला कर जाता है। मुझे एक बार बातों-बातों में उन्होंने बताया था कि वे राजनीति में अकेलेपन से बचने के लिए ही गए थे। उनका ख़याल था कि अपनी बहिर्मुखी प्रकृति के कारण राजनीति अकेलेपन का विकल्प बन सकती है और यह कि वहाँ आदमी को इतनी फ़ुर्सत भी नहीं होती कि वह अकेला हो सके। पर ऐसा हुआ नहीं। उनको निकट से जानने वाले जानते हैं कि राजनीति ने उन्हें क्रमश: और अकेला बनाया। जीवन के अन्तिम कुछ महीनों में उनका अकेलापन और गाढ़ा हो गया था। अमेरिका से हृदय की शल्य चिकित्सा कराकर लौटने के बाद वे मृत्यु की चर्चा प्राय: करने लगे थे। मृत्यु की सीमा छूकर लौटने के बाद मृत्यु उनके लिए वास्तविक और ठोस हो गई थी। यह अकारण नहीं है कि 'मगध' की कविताओं और उनकी अन्तिम दिनों की डायरी में शव का बिम्ब बार-बार आता है। यहाँ तक कि उन्हें तीन लोक से न्यारी काशी भी याद आती है तो सबसे पहले याद आता है मणिकर्णिका घाट। कोई दो वर्ष पूर्व उन्होंने मुझसे एक बार अपने एक भावी उपन्यास की चर्चा की थी, जिसका नाम सोचा था 'गंगाधर का शव', अर्थात् शिव का शव। इस नाम में एक विलक्षण विरोधाभास था, जिसमें उनकी उस समय की मन:स्थिति और सोच की झलक साफ़ देखी जा सकती है।

श्रीकान्त वर्मा का जो बिम्ब हिन्दी में बना था, वह बहुत कुछ एक तीखे तेवर वाले विद्रोही कवि का बिम्ब था—एक ऐसा कवि जो हर चीज़, यहाँ तक कि अपने प्रेम और विश्वास की भी धज्जियाँ उड़ाता है। फिर जब वे सत्तारूढ़ दल की ओर झुके तो यह बहुतों को कुछ अटपटा-सा लगा और इसकी तीव्र प्रतिक्रिया भी हुई। यह विशेष रूप से उल्लेखनीय है कि वे अपनी पीढ़ी के लोगों में अकेले ऐसे कवि थे, जिनके विरोध के व्याज से हिन्दी में कुछ महत्त्वपूर्ण और दिलचस्प कविताएँ और कहानियाँ लिखी गईं। सक्रिय राजनीति में जाने के बाद वे साहित्य की दुनिया की गहमागहमी से कुछ कट-से गए थे और यह बात उन्हें बार-बार टीसती रहती थी। राजनीति की दुनिया में गहमागहमी कुछ

कम न थी। पर श्रीकान्त वर्मा मूलत: कवि थे और कई बार राजनीति के मोर्चे पर अपने आपको बिलकुल निहत्था पाते थे। वे ख़ूब जानते थे कि साहित्य के हथियार से राजनीति की लड़ाई नहीं लड़ी जा सकती। शायद इसीलिए सत्ता की राजनीति की धुरी के एकदम निकट पहुँच जाने के बाद भी वे वह नहीं प्राप्त कर सके, जिसे एक पेशेवर राजनीतिज्ञ ज़रा-से कौशल के साथ आसानी से प्राप्त कर सकता था। सत्ता की दुनिया के अपने दीर्घकालिक अनुभवों का रचनात्मक इस्तेमाल उन्होंने अपने अन्तिम काव्य-संग्रह 'मगध' में किया, जहाँ उन्हें वर्तमान के विघटन को चित्रित करने के लिए नष्ट संस्कृतियों के एक सम्पूर्ण मिथक-लोक की कल्पना करनी पड़ी। जिस जगह खड़े होकर वे चीज़ों को देख रहे थे, वहाँ से उन्हें उठाकर कविता में जस-का-तस लाना और सीधे-सीधे कह देना उनके लिए सम्भव नहीं था। उनकी इस दौर की कविताओं का मुहावरा, उनकी परिचित मुद्रा के विपरीत, बेहद ठंडा और शान्त है। अपने समय के बिखराव को इतने ठंडे और शान्त मुहावरे में व्यक्त करने की कोशिश, कला की दृष्टि से एक कठिन काम है और एक हद तक जोखिम-भरा भी। श्रीकान्तजी में जोखिम उठाने की शक्ति थी और यहाँ भी उन्होंने पूरे कलात्मक साहस के साथ वह जोखिम उठाया है। एक बात साफ़ है कि 'मगध' के सारे मिथकीय आवरण के भीतर उसका राजनीतिक निहितार्थ बहुत देर तक छिपा नहीं रहता—

कोसल अधिक दिन टिक नहीं सकता
कोसल में विचारों की कमी है!

यहाँ कोसल को हटाकर पटना, लखनऊ या दिल्ली किसी को भी रख लीजिए, अर्थ अधिक स्पष्ट और मूर्त हो जाएगा। पर जहाँ तक 'मगध' की कविताओं की पूरी बनावट का सवाल है, उसको लेकर मेरे मन में कुछ 'रिज़र्वेशन' थे, जिसे वे जानते थे। उन्हीं दिनों एक पत्रिका ने मुझसे यह प्रस्ताव किया कि मैं उनकी किसी एक कविता को चुनकर उस पर एक छोटी-सी टिप्पणी लिखूँ। मैंने उनसे बात की और मुझे लगा कि वे चाहते हैं कि उनकी नई कविताओं

में से ही कोई कविता चुनी जाय। पर जब टिप्पणी छपकर सामने आई तो वह एक ऐसी कविता के बारे में थी, जो उन्होंने कोई 20-25 वर्ष पहले लिखी थी। इसके बाद जब मैं उनसे मिला तो मुझे आशंका थी कि उन्होंने बुरा माना होगा। पर मिलने पर उन्होंने सिर्फ़ इतना कहा, "यह आपका चुनाव है और मैं उसका सम्मान करता हूँ।"

राजनीति में आने के फ़ायदे/नुक़सान जो भी हों, पर मुझे लगता रहा है कि सार्वजनिक जीवन से सम्पर्क और उसके प्रति खुले रहने के कारण श्रीकान्तजी के व्यक्तित्व में थोड़ा लचीलापन आ गया था और एक सुखद सहिष्णुता भी। इस सम्बन्ध में एक छोटी-सी घटना का उल्लेख करना चाहूँगा। भोपाल में 'जनतंत्र और आलोचना' पर गोष्ठी आयोजित थी, जिसमें उन्हें भी बोलना था और मुझे भी। मैं जब बोल रहा था तो किसी बात पर उन्होंने मुझे बीच में टोका और यह टोकाटोकी कुछ देर तक चलती रही। मुझे जो कहना था, मैंने कहा और फिर बात आई-गई हो गई। शाम की गोष्ठी के बाद जब मैं अगले दिन उनसे उनके होटल वाले कमरे में मिला तो वे बहुत परेशान दिखे। मिलते ही बोले, "मुझे दुख है, कल मैंने आपको बीच में टोका। मैं तब से बेहद परेशान हूँ कि मैंने ऐसा क्यों किया। आप मेरे मित्र हैं और मित्र विचार से बड़ा होता है। मैं विचार के लिए मित्र को खोना नहीं चाहता।" मैं उस टोकाटोकी वाली बात को भूल चुका था, पर वह ज़रा-सी बात उन्हें इतना परेशान कर सकती है, मैंने कल्पना तक नहीं की थी। शायद इसका एक कारण यह हो कि राजनीति में जाने के बाद वे धीरे-धीरे साहित्यिक दुनिया के अपने बहुत-से मित्रों को खो चुके थे और जो बचे-खुचे रह गए थे, उन्हें वे किसी भी क़ीमत पर खोना नहीं चाहते थे।

मेरी अन्तिम भेंट उनसे उनके आवास पर ही हुई थी, जब वे इलाज के लिए न्यूयार्क जाने की तैयारी कर रहे थे। बीमारी की गम्भीरता की जानकारी उन्हें हो चुकी थी, पर मुझे यह देखकर सुखद आश्चर्य हुआ कि उस दिन वे बिलकुल परेशान नहीं थे। लोगों से उतने ही सहज ढंग से बातें कर रहे थे, जैसे हमेशा किया करते थे। जो व्यक्ति कई बार बिना कारण भी परेशान दिखता था,

वह परेशानी के सबसे बड़े कारण को जान लेने के बाद भी, इतना शान्त और व्यवस्थित है, यह बात मुझे अद्भुत लगी। उस दिन जब मैं उनसे मिलकर लौटा तो एक उम्मीद की रोशनी अपने साथ लेकर लौटा। शायद उसके तीसरे दिन वे न्यूयार्क गए और उसके बाद जो कुछ हुआ, वह सबको मालूम है। जिस दिन उनका निधन हुआ, मैं अपने अन्य भारतीय कवि मित्रों के साथ बोस्टन में था, जो न्यूयार्क से बहुत दूर नहीं है। वहाँ उनके निधन के बारे में कोई सूचना नहीं मिली। अगले दिन जब मैं मराठी कवि अरुण कोलटकर के साथ भारत लौट रहा था तो रास्ते में हमें सूचना मिली कि उसी प्लेन से श्रीकान्तजी का पार्थिव शरीर भी भारत लौट रहा है। 'हाउ ऑयरनिकल' (कैसी विडम्बना है!) अरुण कोलटकर एकदम चीख़ पड़े। फिर देर तक हमारे बीच कोई बात नहीं हुई। अपनी सीट पर बैठे-बैठे मैं लगातार सोचता रहा कि 'मायादर्पण' के कवि के जीवन की यह जो दारुण परिणति है, क्या इससे बचने का कोई उपाय था? इसका उत्तर 'हाँ' में भी हो सकता है, 'नहीं' में भी। पर 'नहीं' शायद ज़्यादा सही है। श्रीकान्तजी ने अपनी एक बहुत पुरानी कविता में बड़ी तड़प के साथ लिखा था—'अब मैं घर जाना चाहता हूँ।' पर यह कविता की बात थी। जीवन में वे फिर पलटकर बिलासपुर की अपेक्षाकृत शान्त और सुरक्षित दुनिया में वापस नहीं गए। उनके भीतर जो रचनात्मक ऊर्जा और बेचैनी थी, उसको देखते हुए यह सम्भव भी नहीं था। इस विडम्बनापूर्ण स्थिति की चर्चा उन्होंने 'मगध' की एक कविता में की है, जो एक तरह से उनके जीवन और कृतित्व पर सबसे सटीक और अर्थपूर्ण टिप्पणी भी है—एक ऐसी तिलमिला देने वाली टिप्पणी, जिसके बाद कुछ भी कहना बेमानी हो जाता है—

चाहता तो बच सकता था
मगर कैसे बच सकता था
जो बचेगा
कैसे रचेगा?

सोमदत्त के बारे में

सोमदत्त से मेरा परिचय कोई दस-पन्द्रह साल पुराना था—हालाँकि एक कवि के रूप में मैं उन्हें इससे पहले भी जानता था। उनसे पहली भेंट बिलकुल औपचारिक थी। सन् 1976 के सितम्बर में साहित्य अकादेमी ने भोपाल में कविता के अनुवाद की समस्या पर एक संगोष्ठी आयोजित की थी। सोम उसमें शामिल थे और मैं भी। पहली भेंट उनसे तभी हुई थी। उस संगोष्ठी की बहुत सारी बातें भूल गई हैं, पर जो बात याद रह गई है, वह है 'चरोखर' शब्द पर होनेवाली बहस। यह बुन्देली शब्द सोम की ओर से आया था—'चरागाह' के लिए। प्रसंग शायद नेरूदा की कविता का था, जिसके अनुवाद में कहीं चरागाह शब्द आता था। सोम का आग्रह था कि उसकी जगह 'चरोखर' शब्द होना चाहिए, जो देशज होने के कारण अधिक दमदार है। याद यह भी है कि बहस में सोम की बात मानी नहीं गई थी, पर एक शब्द के ठेठपन के पक्ष में उनकी यह रचनात्मक लड़ाई मुझे दिलचस्प लगी थी और शायद इसी एक बात ने मेरे और उनके बीच जो औपचारिकता की दीवार थी, उसे ध्वस्त कर दिया था। यह तो मैंने बाद में जाना कि मूलत: सोम एक ऐसे व्यक्ति थे, जो देर तक औपचारिकता का ढोंग बर्दाश्त नहीं कर सकते थे और जिसे वे बर्दाश्त नहीं कर सकते थे, उसे चुपचाप कंधे से उतारकर एक तरफ़ रख देने का कौशल उनके पास था।

सोमदत्त पेशे से पशु-चिकित्सक थे। मैंने काम करते उनको देखा था और मैं निजी साक्ष्य के आधार पर कह सकता हूँ कि वे जितने समर्पित अपनी कविता

के प्रति थे, उससे ज़रा भी कम अपने पेशे के प्रति नहीं थे। उनके साथ यात्रा करना एक बिलकुल अलग क़िस्म का अनुभव था। मुझे भोपाल से सागर तक की एक यात्रा याद आ रही है, जो हमने लगभग एक घोड़ागाड़ी की चाल से चलनेवाली पैसेंजर ट्रेन से कोई छह या सात घंटे में पूरी की थी। यात्रा दिन की थी और सोम चूँकि उस ट्रेन के 'मिज़ाज' को जानते थे, इसलिए पूरी तरह तैयार होकर आए थे। उनके थैले में खाने-पीने की प्रचुर सामग्री थी—यहाँ तक कि चटनी और अचार भी। उस लम्बी यात्रा में वे लगातार अपने सुपरिचित पशु-जगत के अनुभव सुनाते रहे, जो उन्होंने एक चिकित्सक के रूप में अर्जित किए थे। मुझे याद है, जब वे उस दवा के बारे में बता रहे थे, जो कोई पन्द्रह-बीस वर्ष पहले विदेश से भारत आई थी और जिसकी पहली खेप को लाने के लिए उन्हें आधिकारिक रूप से बम्बई भेजा गया था, तो उनके चेहरे पर उत्तेजना की वैसी ही लालिमा थी, जैसी कविता पढ़ते समय होती थी। उसी यात्रा में मुझे पता चला कि पशु-जगत के साथ-साथ वनस्पति-जगत के बारे में भी उनकी जानकारी बहुत व्यापक और गहरी थी। यह जानकारी उन्होंने सिर्फ़ किताबों से नहीं, बल्कि लोक-जीवन के साथ अपने गहरे जुड़ाव के भीतर से हासिल की थी। इसलिए उसमें एक विविधता थी और एक रचनात्मक खोज जैसी सुखद ताजगी भी। ये अनुभव उनकी कविता में कई बार छनकर और कई बार बिना किसी काट-छाँट के ज्यों-के-त्यों आ जाते थे। उनकी कविता समकालीन कविता के अभ्यस्त पाठक को शुरू-शुरू में जो एक झटका देती है, उसका कारण सिर्फ़ उसका जान-बूझकर लाया गया खुरदुरापन नहीं, बल्कि उसके पूरे अनुभव-लोक का किंचित भिन्न और अपरिचित होना भी है। सोम अपनी पीढ़ी के शायद अकेले ऐसे कवि थे, जो यह बता सकते थे कि लोक-जीवन में आषाढ़ की वर्षा और क्वार की वर्षा और माघ की वर्षा के लिए क्या अलग-अलग नाम होते हैं और यह कि अँगीठी की आँच और चूल्हे की आँच को भाषा के स्तर पर कैसे अलगाया जा सकता है।

सोमदत्त की कविता में उनके इस अनुभव-समृद्ध व्यक्तित्व का सिर्फ़ एक

छोटा-सा हिस्सा ही छनकर आ सका था। अभी बहुत कुछ था, जिसे वे एक बड़े दायित्व और बड़ी तैयारी के साथ रचना में ढालने के संघर्ष में जुटे हुए थे। इस संघर्ष में वे जिन बहुत-से औज़ारों को काम में ले आते थे, उनमें से एक था अनुवाद। किसी बड़ी योजना के तहत अनुवाद करना उनके स्वभाव के विपरीत था। विदेशी कवियों को पढ़ते हुए जो भी, जहाँ भी उन्हें अच्छा लग जाता था, उसे अपनी भाषा में ले आने के लिए वे बेचैन हो जाते थे। वास्को पोपा से मिलकर जिन दिनों वे युगोस्लाविया से लौटे थे, उन दिनों बात करते हुए अक्सर उनके दिमाग़ में पोपा की कोई न कोई कविता होती थी और थैले में पोपा की किताब।

सोम के गद्य की ओर कम ध्यान दिया गया है। मेरा ख़याल है, वास्को पोपा पर लिखा हुआ उनका संस्मरण अपने उत्फुल्ल गद्य और अपनी निर्व्याज तथा गहरी काव्यात्मक संवेदना के कारण लम्बे समय तक याद किया जाएगा। सोम के अनुवादों को लेकर बहस हो सकती है। पर मेरा मानना है कि एक रचनाकार, ख़ास तौर से एक विकसनशील रचनाकार के लिए अनुवाद कभी भी सिर्फ़ अनुवाद नहीं होता। अनुवाद करते समय अक्सर वह अपने को मुक्त आकाश के नीचे एक अदृश्य कक्षा में बैठा हुआ अनुभव करता है, जहाँ वह स्वयं अपना शिक्षक होता है और स्वयं अपना शिक्षार्थी भी। सोम के ज़्यादातर काव्यानुवाद इसी प्रक्रिया के अन्तर्गत किए गए थे, जहाँ अनुवाद की पूर्णता के बजाय, मूल कृति के आलोक में ख़ुद अपनी रचनात्मक क्षमता को जाँचने-परखने और उसे खराद पर चढ़ाने की कोशिश अधिक थी।

सन् '84 में कुछ समय के लिए जब मैं निराला-सृजनपीठ के निदेशक के रूप में भोपाल में था तो सोम से प्राय: रोज़ ही मिलना होता था—'साक्षात्कार' के दफ़्तर में। 'साक्षात्कार' उनके लिए सिर्फ़ एक साहित्यिक पत्रिका नहीं, बल्कि अपने समय की संवेदना और सोच का आईना थी। सम्पादन की यह लड़ाई रचना की लड़ाई से बिलकुल अलग थी और यहाँ वे कई बार एक अजब ढंग से बेचैन और अकेले दिखाई पड़ते थे। 'साक्षात्कार' को समकालीन साहित्यिक पत्रिकाओं में जो एक केन्द्रीयता सहज ही मिल गई थी, उसके पीछे सोम का

कितना अकूत श्रम था और कितना बड़ा संघर्ष, इसे बहुत कम लोग जानते होंगे। पत्रिका को जीवन्त बनाए रखने के लिए उनके दिमाग़ में कोई न कोई योजना हमेशा रहती थी। मृत्यु से लगभग डेढ़-दो महीने पहले उन्होंने हिन्दी के सात समकालीन कवियों के पास 37 प्रश्नों की एक लम्बी सूची भेजी थी, जो ख़ासी दिलचस्प थी। इसमें एक ओर यदि यह भारी-भरकम सवाल था कि "आपकी विश्व-दृष्टि क्या है?" तो दूसरी ओर यह हल्का-फुल्का मगर उत्तेजक सवाल भी कि "शरीर से आप कौन-सा सुख अब भी चाहते हैं?" उनकी यह विलक्षण सम्पादकीय योजना अधूरी रह गई—ठीक उनके जीवन की तरह। पर उनके प्रश्न अब भी—मानो हवा में टँगे हुए—अपने उत्तर की प्रतीक्षा कर रहे हैं।

सोम के साथ जो मेरी असंख्य मुलाक़ातें थीं, उनमें श्रीनगर (कश्मीर) की मुलाक़ात की स्मृति बिलकुल अलग है। यह संयोग ही है कि यह मुलाक़ात भी एक अनुवाद-कार्यशाला के सिलसिले में ही हुई थी। कोई 20-21 दिनों तक चलनेवाली इस कार्यशाला में सोम हर रोज़ पूरी तैयारी के साथ जाते थे—लगभग एक निष्ठावान छात्र की तरह अपना पूरा 'होमवर्क' कर लेने के बाद। एक दिन जब उनसे बातचीत के एक सत्र की अध्यक्षता करने के लिए कहा गया तो उनका एक बिलकुल नया ही रूप प्रकट हुआ। चूँकि कार्यशाला में अन्य भाषाओं के लोग भी शामिल थे, इसलिए—जैसाकि अखिल भारतीय गोष्ठियों का एक अलिखित नियम-सा बन गया है—गोष्ठी का सारा कार्यक्रम अंग्रेजी में चल रहा था। सोम इतने दबंग अध्यक्ष साबित होंगे, इसकी कल्पना मैंने नहीं की थी। उन्होंने ख़ूब डटकर अध्यक्षता की और अपनी नपी-तुली व्यंग्यपूर्ण अंग्रेजी टिप्पणियों से अच्छी धाक जमाई अन्य भाषा-भाषियों पर। कार्यशाला में बिज्जी (विजयदान देथा) भी मौजूद थे। गोष्ठी के बाद सोम पर उनका वात्सल्य ऐसा उमड़ा कि उन्हें 'मुन्ना' कहने लगे। फिर यह सम्बन्ध ऐसा पुख़्ता हुआ कि सोम अन्त तक बिज्जी के लिए 'मुन्ना' ही बने रहे।

सोमदत्त से मेरी अन्तिम बातचीत बिज्जी को लेकर ही हुई थी—टेलीफ़ोन पर। रोग की चपेट में आने से कोई तीन-चार दिन पहले एक शाम भोपाल से

अचानक उनका फ़ोन आया। पूछा—"बोरूंदा चल रहे हैं?" बोरूंदा, यानी बिज्जी का ठेठ राजस्थानी गाँव, जहाँ साहित्य अकादमी ने एक लोक-साहित्य-संगोष्ठी का आयोजन कर रखा था। जब मैंने चलने की बात कही तो बोले—"मेरा भी आरक्षण करा लीजिए। पहले दिल्ली आऊँगा और फिर वहाँ से साथ बोरूंदा चलेंगे।" मैंने हाँ तो कर दी, पर न जाने क्यों आरक्षण नहीं कराया—न उनका, न अपना। यह तो मैंने बाद में जाना कि मुझसे फ़ोन पर बात करने के तीसरे या चौथे दिन वे गम्भीर रूप से बीमार पड़े थे। जिस दिन हमें बोरूंदा जाना था, उस दिन वे जीवन और मृत्यु की कठिनतम लड़ाई लड़ रहे थे। इस लड़ाई का क्या हुआ—अब वह एक दहला देनेवाले सच की तरह हम सबके सामने है। सबसे दुखद यह है कि सोम उस समय गए, जब उनकी निजी दुनिया और साहित्यिक दुनिया, दोनों को उनकी सबसे अधिक ज़रूरत थी। पिछले कुछ वर्षों में उन्होंने अपना यह विलक्षण निजी मुहावरा पा लिया था, जिसको पा लेने के बाद एक कवि कविता के भूगोल में उस ख़ास अक्षांश के उस ख़ास बिन्दु पर खड़ा होता है, जहाँ खड़ा होने का अधिकार उसे और सिर्फ़ उसे होता है। हर सच्चे रचनाकार की तरह साहित्य में—और जीवन में भी—सोम की सबसे बड़ी चिन्ता यही थी—

क्या करूँ क्या करूँ
कि मुझे अपनी ही ज़मीन पर
हक़ मालिकाना मिल जाए...

के जीवन में एक बड़ा परिवर्तन घटित होता है। जीवन-चक्र कुछ इस तरह चला कि उनका सारा संघर्ष घर-गृहस्थी के मोर्चे पर केन्द्रित हो गया। उस संघर्ष में उनके भीतर का कवि, कहानीकार, पत्रकार, राजनीतिकर्मी सब शामिल थे और जैसे सब उस मोर्चे पर उनके साथ-साथ लड़ रहे थे। इसमें वे विजयी ज़रूर हुए पर अपने सारे सृजन-स्वप्न को दाँव पर लगाकर। हमारे लिए उनके इस जीवन संघर्ष का एक प्रतीकात्मक अर्थ भी है जो अपनी व्याप्ति में उस दौर के उन अनेक लेखकों के संघर्ष को समेट लेता है जो सृजन की दौड़ में कहीं छूट गए थे।

कुछ समय पहले मैं उनकी अप्रकाशित डायरी के पन्ने पलट रहा था और यह देखकर सुखद आश्चर्य हुआ कि वहाँ उनकी कई अच्छी कविताएँ या विलक्षण काव्य-पंक्तियाँ सुरक्षित हैं, जिन्हें प्रकाश में लाया जाना चाहिए। यदि वे समय से छप गई होतीं तो उनका जो एक तत्कालीन काव्य-संवेदना का दायरा है, वह ज़्यादा स्पष्ट होता और ग्राह्य भी। फिर भी मुझे लगता है कि उनकी डायरी के चुने हुए अंशों को उनकी अन्य कुछ कृतियों के साथ प्रकाशित किया जाना चाहिए। ऐसा करना सिर्फ़ उनकी स्मृति-रक्षा के लिए ही नहीं, उस दौर के कुछ छूटे हुए पन्नों से आज के पाठक को परिचित कराने के लिए भी ज़रूरी है। उन्हें पढ़ते हुए मुझे ऐसा लगा कि जिस समय वे अपने घर की इमारत के लिए सीमेंट-सरिया का जुगाड़ कर रहे थे, ठीक उसी समय उनके भीतर की संवेदना का ईंट-गारा ठीक अपनी नाप के बराबर का एक और घर बनाने की तैयारी में जुटा था, जो बनते-बनते रह गया। आज जब उनकी उस ऊँची इमारत को देखता हूँ, जो छाया टाकीज की बगल में सिर उठाकर खड़ी है तो मेरा मन कहता है कि उसका निर्माता भी अपनी असंख्य अलिखित रचनाओं के साथ कहीं उसी की गहरी नींव में ज़िन्दा है।

कवि देवेन्द्र कुमार उर्फ़ बंगालीजी

सब लोग प्यार से उन्हें बंगालीजी कहते थे। पर वे बंगाली न थे। ठेठ उत्तरप्रदेशीय थे—वह भी धुर पूरबवाले।

कसया में पैदा हुए थे और वहीं पले-बढ़े—लगभग कुशीनारा के तट पर। दुनिया में वे एक छोटे-से बोधिसत्व थे—अपने शब्दों में छिपे प्रकाश की दिशा में क्रमश: बढ़ते हुए। पर जन्मना वे शूद्र थे और इस भौतिक सचाई को, हँसते समय उभर आने वाले अपने अगले दो दाँतों की ओट के पीछे कहीं चुपचाप दबाए रखते थे। ऐसा करते हुए जो पीड़ा पैदा होती थी, उसे उनके चेहरे पर साफ़ देखा जा सकता था। मूलत: वे एक कवि थे—एक ऐसे कवि, जिनकी अनेक कृतियों के बावजूद बहुत कम चर्चा हुई।

वे हमेशा चुप रहते थे। कुछ पूछो तो ज़रा-सा हँसते थे और अस्फुट-सा कुछ कहकर फिर चुप हो जाते थे। इसी चुप रहने की साधना में उनके कई दाँत असमय टूट गए थे। पर एक अद्‌भुत बात यह थी कि जब वे मंच पर कविता पढ़ते थे तो पूरे देवेन्द्र कुमार होते थे। उस समय गहरी यातना की एक हल्की-सी ख़लिश उनकी आवाज़ में एक अजब-सा जादू पैदा करती थी। वे शायद बचपन से सीधे वृद्धावस्था में आ गए थे और बीच का मैदान एकदम सपाट था। मुझे याद है कि उन्हीं दिनों जब वे युवा थे, मुझे उनके साथ एक महाविद्यालय में आयोजित गोष्ठी में जाने का अवसर मिला था। जब उन्हें काव्यपाठ के लिए बुलाया गया तो उनका परिचय देते हुए संयोजक ने कहा—"अब मैं युवा कवि

देवेन्द्र कुमार को काव्यपाठ के लिए आमंत्रित करता हूँ।" जब वे माइक के पास पहुँचे तो नीचे से छात्रों की आवाज़ आई—"अरे, यह तो बुड्ढा है।" असल में, उनके चेहरे की स्थायी उदासी ही कुछ ऐसी होती थी कि वह उनकी आयु को कई गुना बढ़ा देती थी।

वे रेल में काम करते थे। उच्च शिक्षा पाने के बावजूद एक छोटे-से क्लर्क थे—एक मामूली बाबू जो कोई भी हो सकता है। वहाँ भी जो उनका उचित दाम था वह उन्हें कभी नहीं मिला जबकि उनके कई सहयोगी योग्यता में उनसे कमतर होने के बावजूद कहाँ से कहाँ पहुँच गए थे। पर उन्हें इसका कोई मलाल नहीं था। इससे मुझे कई बार कोफ़्त होती थी—ऐसी भी क्या सन्तई कि चुपचाप सब सहे जा रहे हैं। मैं कभी कहता तो उसी तरह हँस देते और वह एक ऐसी हँसी होती थी जिसके सामने आदमी निहत्था हो जाता था।

चूँकि वे रेल-कार्यालय में काम करते थे, इसलिए उनके शहर में उन्हें रेल का कवि कहा जाता था। यह रेल का कवि क्या होता है, मैं कभी नहीं समझ सका। श्रेणी-विभाजन वैसे भी हमेशा भ्रामक होता है। मुझे बराबर लगता था कि रेल का कवि कहने से जो हदबन्दी होती थी, उसमें उनका कवि-व्यक्तित्व क़तई फिट नहीं होता था। पर वे थे कि इसे जनता की दी हुई उपाधि की तरह हर बार स्वीकार कर लेते थे और मंच से उतरते ही उसे कपड़ों से धूल की तरह झाड़कर अलग कर देते थे। वे विनम्र थे पर इस सचाई को समझने में मुझे बरसों लग गए कि उनकी विनम्रता एक कवच की तरह थी, जिसके नीचे उनका खरा स्वाभिमान पलता था।

यह शायद साठ के दशक के मध्य की बात होगी। कुछ समय तक वे एक विचित्र मनोरोग से ग्रस्त थे जिसे कुछ लोग उनका मानसिक तनाव कहते थे और कुछ विक्षिप्तता। सड़क पर चलते हुए, कार्यालय में प्रवेश करते हुए या किसी मित्र से मिलते हुए उन्हें हमेशा लगता था, कोई उनका पीछा कर रहा है। पर यह उनका पागलपन नहीं था। असल में, अपने शहर के जिस समाज में वह रह रहे थे, उसमें वर्ण-आधिपत्य का बोलबाला था। उनका प्रत्यक्ष

टकराव किसी से नहीं था, उल्टे उन्हें सबसे गहरी सहानुभूति मिलती थी। पर मुझे लगता है कि यह सम्भ्रान्त नेत्रों से टपकती हुई सहानुभूति ही थी, जो उन्हें सबसे अधिक बेचैन करती थी। एक अन्त्यज कुल में पैदा होने वाले अति संवेदनशील कवि को यदि सड़क पर चलते हुए लगता हो कि कोई उसका पीछा कर रहा है, तो इसे उसकी विक्षिप्तता कहकर टाला नहीं जा सकता है। कई बार तथाकथित 'बड़ों' से मिलने वाली सहानुभूति भी एक स्वाभिमानी मन को इस तरह लगती है, जैसे कोई पीछा कर रहा है। पर, सौभाग्यवश यह स्थिति ज़्यादा दिनों तक नहीं रही। उनके सर्जक मन ने जल्दी ही उस अवसादग्रस्त मनोदशा से निकलने के लिए एक रास्ता खोज लिया, जो उनकी आने वाली कविताओं की ओर खुलता था।

यह उनके रचनाशील जीवन का एक नया दौर था जो कदाचित उनका सबसे उर्वर दौर भी था। इसी दौर में उन्होंने वे कविताएँ लिखीं जो भोपाल से 'पहचान' सीरीज में उनके प्रथम संकलन के रूप में छपी थीं। फिर लम्बे अन्तराल के बाद उनका दूसरा प्रौढ़तर संग्रह 'बहस जारी है' नाम से आया। मुझे लगता है, इस संग्रह की जितनी चर्चा होनी चाहिए थी, नहीं हुई। वे एक अपेक्षाकृत छोटे शहर में रहते थे और वहाँ भी न तो किसी गुट में थे, न संगठन में। फिर उनकी जो सामाजिक स्थिति, वह उनकी खाल के साथ चिपकी हुई उनके साथ ही थी। प्रत्यक्ष रूप से इन बातों की कोई भूमिका नहीं थी। पर सचमुच जिस समाज में हम रहते हैं उसमें इनकी कोई भूमिका नहीं होती, क्या दावे के साथ ऐसा हम कह सकते हैं?

उनकी कविता की मूल प्रवृत्ति गीतात्मक थी। मेरा मानना है कि वे निराला के बाद हिन्दी में शायद सबसे अधिक सम्भावनाशील और सबसे अधिक मौलिक गीतकार थे। उनका एक गीत-संकलन 1993 में दिल्ली से प्रकाशित हुआ था। इस संग्रह के गीतों में भाषा का एक सहज देशज ठाठ है, जो सबसे पहले ध्यान आकृष्ट करता है। लयों की विविधता और बिम्बों की ताज़गी इसकी अन्य विशेषताएँ हैं। यहाँ कई ऐसी पंक्तियाँ मिलेंगी या फिर बिम्ब-गुच्छ जो स्मृति में

देर तक टिके रह जाते हैं। आप पाएँगे कि गीत अपनी गति से चल रहा है और अचानक बीच में कोई तिलमिला देने वाली टिप्पणी आ गई और आपको हिलाती हुई चली गई। संकलन के आरम्भ में गीत के जिस टुकड़े को रखा गया है, वह एक तरह से कवि का मूल वक्तव्य है—

हड्डियों का पुल, शिराओं की नदी है
इस सदी से भी अलग कोई सदी है
आज की कविता
अँधेरे की व्यथा है।

अब इतनी लम्बी चर्चा के बाद यह याद दिलाना ज़रूरी नहीं है कि देवेन्द्र कुमार दलित थे। उनकी कविताओं की इस दृष्टि से व्याख्या अब तक नहीं हुई है। पर यहाँ 'हड्डियों का पुल' क्या कह रहा है, इस सदी से अलग जो एक और सदी है, वह किनकी सदी है और यह कि यदि आज की कविता अँधेरे की व्यथा है, तो फिर वह किसकी व्यथा है—इन प्रश्नों से टकराए बिना इस कवि की ठीक-ठीक व्याख्या नहीं की जा सकती है। जो कवि साहस के साथ कह रहा हो—

एक चिड़िया बोलती है ठूँठ से
सभी चेहरे लग रहे हैं झूठ से।

तो यह काव्यात्मक साहस काव्यालोचन के सुपरिचित मानों से अलग एक अधिक संवेदनशील और सामाजिक धार वाले औज़ारों की माँग करता है।

जैसी चुपचाप ज़िन्दगी जी देवेन्द्र कुमार ने लगभग वैसी ही चुपचाप मृत्यु वरण की उन्होंने। जीवन में, सारे दुखों के बीच भी, उन्हें किसी से कोई शिकवा नहीं था और अन्तिम बार जब मैं उनसे मिला तो लगा जैसे मृत्यु से भी उन्हें कोई शिकवा नहीं है। क्योंकि वे जानते थे कि 'पैरों को चाट गए जूते, ज़िन्दा हैं तो अपने बूते।' अपने बूते और अपनी शर्त पर जीवन जीने वाले इस अघोषित

दलित कवि में कहीं कुछ था, जो उसे बुद्ध की विरासत से जोड़ता था। उनकी कविता में बुद्ध लगभग दुनिया में ईश्वर की तरह अनुपस्थित हैं। पर जो लोग बुद्ध-भूमि के उस भूगोल से परिचित हैं, वे उनकी कविता के भूरे उदास रंगों में उनके संकेत ढूँढ़ सकते हैं। यह शुद्ध संयोग था—पर क्या केवल संयोग था कि उनके आत्मीय जनों ने उनकी अन्त्येष्टि के लिए अन्ततः कुशीनारा का तट चुना, राप्ती का किनारा नहीं, जिसके निकट उन्होंने अन्तिम साँस ली थी।

कवि देवेन्द्र कुमार
(उर्फ़ बंगालीजी)

कुशीनारा के जल से
जनमे थे वे
लगभग उसी तट से
जहाँ बुद्ध ने अन्तिम स्नान किया था

इसलिए बुद्ध की हँसी के
दो-चार कण
उन्हें सहज ही मिल गए थे उत्तराधिकार में

अपनी आबोहवा से
और भी बहुत कुछ मिला था उन्हें
दुख
अपमान
जहालत
और इन सबके बीच
इन सब पर हँसने की
एक अद्भुत क्षमता भी

दलित थे वे

पर कविता लिखते थे
कविता की शर्त पर
एक ऐसा कवि जो एकदम बेलाग
कह सकता था दुनिया से—
"पैरों को चाट गए जूते
ज़िन्दा हैं हम अपने बूते"

मैंने उनकी कविता की कोठरी देखी थी
वह अदृश्य शरशय्या भी
जिस पर लेटते थे वे
कभी-कभी उनके टूटे हुए अगले दो दाँतों के बीच
एक दबा अँधेरा अट्टहास भी देखा था मैंने

चलते थे सड़क पर
तो इतने अनन्य साधारण
कि अँट नहीं सकते थे
किसी महाकाव्य में
पर मिल सकते थे आपको
किसी भी मोड़ पर

यद्यपि उनको गए
काफ़ी दिन हुए
पर चौंकिएगा मत
अगर किसी दिन सहसा
उन-सा कोई दिख जाय
किसी जातक-कथा में।

कवि अजन्ता के बारे में

कवि अजन्ता से मिलने के प्रसंग दो बार घटित हुए पर उनसे सचमुच मिलना सिर्फ़ एक बार ही हुआ। आज से कोई पन्द्रह-सोलह वर्ष पहले की बात है—वे भोपाल के किसी काव्य-पाठ कार्यक्रम में आमंत्रित थे, जिसमें मुझे भी शामिल होना था। कार्यक्रम के बाद एक पूरी शाम मैंने उनके साथ बिताई थी। वे लेखन में ही नहीं, जीवन में भी मितभाषिता के क़ायल थे। कम बोलते थे, पर बिना बोले भी पूरी बातचीत में कभी नहीं लगने देते थे कि वे चुप हैं। यह अज्ञेय से सर्वथा भिन्न था। मुझे याद है कि बोलते समय वे ज़्यादातर वाक्य अधूरे छोड़ देते थे—कुछ इस तरह मानो उनका काम हो चुका, अब आगे का काम श्रोता का है। बातचीत का यह ढर्रा शुरू में थोड़ा विचित्र लगा, पर बाद में मैंने जाना कि यही उनका सहज रूप है। अब इतने दिनों बाद याद करने की कोशिश करता हूँ तो उस पूरी बातचीत से उनकी जो तस्वीर मेरे भीतर बनी थी, वह एक ऐसे कवि की थी जिसके भीतर अपने प्रति गहरा असन्तोष है। पर शायद इस असन्तोष में ही उनकी मितभाषी कला का रहस्य छिपा था।

कितना अजीब है कि लगभग उनहत्तर वर्ष (1929-1998) का भरा-भूरा जीवन जीने वाले तेलुगू के इस विलक्षण कवि का केवल एक ही संग्रह प्रकाशित हुआ था और वह भी मरने से केवल एक वर्ष पहले। एक समर्थ कवि का यह आत्म-संयम चकित करने वाला है और बेशक कई सवालों को जन्म देने वाला भी। इस वस्तुस्थिति को किस तरह परिभाषित किया जाए? यहाँ यह बताना

अप्रासंगिक न होगा कि अजन्ता के कई समकालीन कवि ऐसे हैं जिनके संग्रह धड़ाधड़ छपते रहे हैं और अपनी भाषा से बाहर भी उन्हें थोड़ा-बहुत जाना जाता है। अजन्ता जाने-अनजाने पास्तरनाक की उस प्रसिद्ध पंक्ति को जैसे मानकर चलते थे कि 'प्रसिद्ध होना एक अश्लील बात है।' उन्होंने आजीवन अपने को अपने शब्दों की ओट में रखा। उनका असली नाम पेनुमत्स विश्वनाथ शास्त्री था। पर अजन्ता की गुफाओं के चित्रों का कुछ ऐसा प्रभाव पड़ा कि उन्होंने अपना नाम ही अजन्ता रख लिया। वे मानते थे कि कवि को अजन्ता के चित्रों की तरह मूर्त होना चाहिए। पेशे से वे पत्रकार थे और इस धंधे में भी उन्हें एक जगह टिककर रहने का सुयोग कभी नहीं मिला। मद्रास से प्रकाशित होने वाली 'आनन्दवाणी' पत्रिका से उन्होंने अपने पत्रकार-जीवन की शुरुआत की थी और बाद में हैदराबाद से प्रकाशित होने वाले पत्र 'आन्ध्रप्रभा' से जुड़ गए थे। इस बीच उनका काव्य-लेखन चलता रहा पर बहुत धीमी गति से, गहरे आत्म-अनुशासन के साथ पदक्षेप करते हुए। एक विलक्षण सर्जक होने के साथ-साथ वे मौलिक काव्य-चिन्तक भी थे। उनका ख़याल था कि आज का समय यथार्थ से इतना आक्रान्त है कि हमें सपनों की बहुत ज़रूरत है। पर, इस स्वप्न-द्रष्टा कवि का एक पाँव निरन्तर यथार्थ की ऊबड़-खाबड़ भूमि पर कहीं टिका रहता था। उनकी दृढ़ मान्यता थी कि कविता की दुनिया न्यूटन के गुरुत्वाकर्षण सिद्धान्त का अतिक्रमण करती है और इसीलिए वह कविता होती है।

जैसाकि पहले कहा गया है, अजन्ता एक मितभाषी कवि थे। उनके आलोचक बताते हैं कि उन्होंने जीवन में कुल 33 कविताएँ लिखीं, जिनमें से 29 उनके एकमात्र काव्य-संकलन 'स्वप्नलिपि' में संकलित थीं और शेष चार कविताएँ जीवन के अन्तिम पाँच वर्षों में लिखी गई थीं। उनहत्तर वर्ष के जीवन में कुल 33 कविताएँ यानी औसतन दो वर्ष में एक कविता। यह कलात्मक संयम का एक विरल उदाहरण है, जिसका जोड़ शायद अन्यत्र न मिले। पर उससे भी आश्चर्यजनक यह है कि इतनी कम कविताओं के आधार पर उन्हें प्रबुद्ध पाठक-समुदाय का जो सम्मान और प्यार मिला, वह उनके अनेक बहुचर्चित समकालीनों के लिए

ईर्ष्या का विषय है। दिलचस्प यह है कि अजन्ता के इन प्रशंसकों में कुछ दलित रचनाकार भी शामिल हैं। यह वैसा ही है जैसे शमशेर की प्रशंसा कोई दलित लेखक करे। अपने कलात्मक गठन में अजन्ता की कविता शमशेर की कविता के काफ़ी निकट पड़ती है हालाँकि दोनों का काव्य-स्वभाव एकदम भिन्न है।

पिछली बार जब मैं हैदराबाद गया था तो अजन्ता जीवित थे और बीमार थे। वे अपने छोटे-से घर के कोने में लगभग अलक्षित पड़े थे। जिस मित्र के साथ मुझे उनसे मिलने जाना था वे प्रसिद्ध दलित कवि जाशुआ की स्मृति में बने ट्रस्ट के सचिव थे, पर साथ ही अजन्ता की कविता के भयानक प्रेमी थे। पर किन्हीं कारणों से उस दिन अजन्ता से मिलना सम्भव न हो सका। इसके कुछ ही दिनों बाद उनके निधन की सूचना अख़बार में पढ़ने को मिली। ज़ाहिर है कि अब अजन्ता से नहीं, सिर्फ़ उनकी कविताओं से मिला जा सकता है, जिसमें वे अपनी सारी ऊर्जा के साथ मौजूद हैं। श्री श्री के बाद, उनके प्रभाव से सर्वथा मुक्त रहते हुए, अजन्ता तेलुगू के अकेले ऐसे कवि थे, जिन्होंने अपना सर्वथा मौलिक मुहावरा विकसित किया था। हिन्दी में उनकी कविताओं के अनुवाद बहुत कम हुए हैं। पर यह निर्विवाद रूप से कहा जा सकता है कि उनका लेखन चाहे जितना स्वल्प हो, पर उसे घटाकर समकालीन भारतीय कविता की तस्वीर पूरी नहीं होती। नीचे उनकी कुछ छोटी कविताएँ और काव्यांश दिए जा रहे हैं, जिनका हिन्दी-अनुवाद हैदराबाद के चर्चित दलित लेखक डॉ. वी. कृष्णा ने किया था। मैंने इन अनुवादों को जहाँ-तहाँ बस छू भर दिया है—

सुषुप्ति

कहीं कोई नहीं—सब घर पहुँच गए हैं
छात्रों ने किताबें बन्द कर दी हैं
बंजारों ने गाना।
कहीं कोई नहीं—सब घर पहुँच गए हैं
हत्यारों ने चाकू रख दिए हैं कोने में

सत्ताधीशों ने धो डाले हैं ख़ून सने हाथ
कहीं कोई नहीं—सब घर पहुँच गए हैं।
... ...
आईना—अर्थात् दीवार पर टाँगा हुआ चेहरा नहीं
वह तुम्हारा अन्तरंग है।
आईने के प्रतिबिम्ब के पीछे
हमेशा एक जादूगर रहता है
रहता है एक साहसी अश्वारोही
एक विदूषक रहता है सारे रहस्यों को
छिन्न-भिन्न करता हुआ
आईना तुम्हारे अन्तर का
अन्तर है।
आईनों के प्रतिबिम्बों को जीतना असम्भव है
इसलिए मैंने एक दिन प्रवेश किया आईने में
वहाँ अब मेरा प्रतिबिम्ब नहीं
मैं रहता हूँ।

सम्भवत: यह मृत्यु से कुछ पहले की कविता है। मृत्यु के बाद आख़िर अपनी कविताओं से बेहतर कौन-सी जगह होती है एक कवि के लिए?

प्रो. विक्टर्स इबूलिस

प्रो. विक्टर्स इबूलिस—यह नाम हिन्दी पाठकों के लिए नया है। पिछले दिनों वे भारत-यात्रा पर आए थे। यह भारत की उनकी दूसरी यात्रा थी। पहली बार शायद सत्तर के दशक में यहाँ आए थे—टैगोर-साहित्य के एक अध्येता के रूप में। पर उनके सन्दर्भ में 'अध्येता' शब्द शायद नाकाफ़ी है। मैं उन्हें 'टैगोर-व्याकुल' कहना पसन्द करूँगा और चाहूँगा कि यहाँ 'व्याकुल' शब्द को उसकी पूरी अर्थ-व्याप्ति के साथ विधेयात्मक अर्थ में लिया जाए। प्रो. इबूलिस के लिए टैगोर का साहित्य और टैगोर का व्यक्तित्व, दोनों लगभग अभिन्न हैं। जब वे उन पर बात करते हैं तो यह फ़र्क़ करना कठिन है कि वे रचनाकार पर बात कर रहे हैं या फिर किसी कृति पर। ऐसे लोग अब विरल होते जा रहे हैं जो किसी कृति के चारों ओर लिपटी हुई उसकी मानवीय गरमाहट को इतनी शिद्दत से महसूस करते हैं। इतने बरसों बाद दिल्ली में प्रो. इबूलिस से मिलकर उसी गरमाहट की एक बार फिर अनुभूति हुई।

इस विलक्षण भारतविद से मेरी पहली मुलाक़ात रीगा नामक शहर में हुई थी, जो लाटिविया की राजधानी है। यह शायद 1987 की बात है, जब लेखकों के एक दल के साथ मैं वहाँ गया था। मुझे अच्छी तरह याद है कि रीगा स्टेशन पर जो सबसे पहला व्यक्ति हमें मिला था, वे प्रो. इबूलिस ही थे—लम्बे चोंगे में और अपनी लम्बी दाढ़ी के साथ। अपने प्रथम साक्षात्कार में वे टैगोर के एक संक्षिप्त लाटिवियाई संस्करण की तरह लगे और इसी कारण बिना परिचय के

भी सहज आत्मीय। यह तो बाद में पता चला कि वे कभी शान्तिनिकेतन में रह चुके थे और बांग्ला भाषा में भी उनकी अच्छी गति थी। वे टैगोर की रचना तक किसी सुविधाजनक पुल से होकर नहीं, सीधे तैरकर पहुँचे थे। और इस अर्थ में पश्चिम के अन्य अनेक टैगोर-प्रेमियों से वे बिलकुल अलग हैं।

पहली भेंट की जो दो स्मृतियाँ मेरे भीतर अब तक अंकित हैं, उनमें पहली है टैगोर के 'राजा' नाटक की लम्बी चर्चा, जिसका प्रो. इबूलिस ने लाटिवियन में अनुवाद किया। संयोगवश उसी शाम रीका के एक प्रसिद्ध प्रेक्षागृह में उसका मंचन होनेवाला था। प्रो. इबूलिस के आमंत्रण पर हम सब वहाँ गए थे और उस भाषा का एक शब्द भी न समझने के बावजूद नाटक की प्रस्तुति हमें अद्‌भुत लगी थी। होटल लौटते हुए रास्ते में उन्होंने 'बनारस' का ज़िक्र छेड़ दिया। यह समझने में मुझे समय लगा कि वे बनारस शहर नहीं, मेरी 'बनारस' नामक कविता का ज़िक्र कर रहे हैं। उन्होंने उसे 'इंडियन लिटरेचर' के किसी अंक में पढ़ा था और वह उन्हें अच्छी लगी थी। फिर कुछ सकुचाते हुए उन्होंने बताया कि उस कविता का उन्होंने लाटिवियाई भाषा में अनुवाद किया है और उसे मुझे सुनाना चाहते हैं। मैंने उस कविता का अनुवाद करने का कारण पूछा तो हँसते हुए बोले कि पहला कारण तो यही है कि भारत जाकर भी मैं बनारस नहीं देख सका—'सोचा न सही प्रत्यक्ष, कविता में ही देख लेते हैं।' अगले दिन जब वे मिले तो उन्होंने उस अनुवाद की एक प्रतिलिपि मुझे दी, जो किसी पत्रिका में छपा था।

रीगा की अनेक स्मृतियाँ हैं, पर सबसे सुखद स्मृति है वह घटना, जब हम प्रो. इबूलिस के साथ उनके घर गए थे। उनका घर सातवीं या आठवीं मंज़िल पर था, जिसके अगल-बगल बहुत-से दूसरे घर थे। जब हम लिफ्ट से ऊपर पहुँचे तो थोड़ी दूर गलियारे में चलकर हम एक घर के सामने रुके। प्रो. इबूलिस ने दरवाज़े पर दस्तक दी और जो महिला बाहर निकली वह कुछ देर अवाक् खड़ी रही। फिर उन्होंने उससे क्षमा माँगी (ज़ाहिर है, अपनी भाषा में) और हमें लेकर आगे बढ़े। पता चला, उन्होंने ग़लती से किसी और घर के दरवाज़े पर दस्तक दे दी थी। उन्होंने आगे यह भी बताया कि ऐसा उनके साथ कई बार हो

जाता है। फिर हँसते हुए उन्होंने इतना और जोड़ा कि इस भूलभुलैया की ख़ूबी यह है कि इसमें अन्ततः अपना घर भी मिल ही जाता है! इस अनायास फूट पड़े रूपक में जो अर्थ की गूँज थी, वह देर तक हम सबके भीतर झंकृत होती रही।

इस घटना के कोई सोलह साल बाद, उसी प्रो. इबूलिस से अभी हफ़्ता-भर पहले जब दिल्ली में भेंट हुई, तो सहसा विश्वास नहीं हुआ कि यह वही व्यक्ति है, जिससे हम रीगा में मिले थे। अब वे चोंगे में नहीं थे, न ही उनकी दाढ़ी अब उतनी लम्बी थी। उनकी पूरी धज में एक अद्‌भुत युवता थी, जिसका रहस्य खोलते हुए उन्होंने बताया कि वे योगसाधना के क़ायल हैं और पिछले अनेक वर्षों से उसका नियमित अभ्यास करते हैं। यह भारत की उनकी दूसरी यात्रा थी और इस दूसरी यात्रा का भी पहला पड़ाव शान्तिनिकेतन ही था। उन्होंने बताया कि वे शान्तिनिकेतन इसलिए गए थे कि टैगोर-साहित्य की नवीनतम सूचनाओं से अवगत हो सकें। नया क्या मिला, यह पूछने पर उनका कहना था कि "ढेर सारी नई जानकारियाँ साथ ले जा रहा हूँ—ख़ास तौर से कथा-साहित्य के बारे में।" वे टैगोर की कहानियों पर नए सिरे से काम करना चाहते हैं—ऐसा उन्होंने बताया। मैंने धीरे से पूछा—"एक ऐसे समय जब पश्चिम में टैगोर की लोकप्रियता काफ़ी कम हो गई है, उनमें वह क्या है जो आपको आकृष्ट करता है?" वे बोले—"उनका मानव-प्रेम।" उन्होंने उस बात का ज़ोरदार खंडन किया कि पश्चिम टैगोर-साहित्य से कट गया है। आगे उन्होंने जोड़ा—"यह पश्चिमी यूरोप के बारे में कहा जा सकता है, पर एक और पश्चिम है जिसे पूर्वी यूरोप कहा जाता है। वहाँ टैगोर अपनी सारी रचनात्मक अर्थवत्ता के साथ आज भी ज़िन्दा हैं और धड़ल्ले से उनकी कृतियों के अनुवाद हो रहे हैं—कविता से ज़्यादा गद्य के। पर बीच-बीच में कविता भी।"

उसी दिन शाम को उन्होंने साहित्य अकादेमी के सभाकक्ष में 'पश्चिम में टैगोर का अभिग्रहण' विषय पर भाषण दिया, जो खासा दिलचस्प था। उनका मत था कि पश्चिम में जिस रोमांटिक कविता का विकास हुआ, उस पर भारत का—ख़ास तौर से 'अभिज्ञान शाकुन्तलम्' के अनुवाद का गहरा प्रभाव है। यह

उन्होंने कुछ उदाहरणों से साबित करने की कोशिश की। टैगोर का अभिग्रहण उसी प्रभाव-प्रक्रिया का विस्तार है, जो आज भी जारी है। टैगोर की पुस्तक 'रूस की चिट्ठी' के बारे में उनका कहना था कि उसका तेरहवाँ हिस्सा जिसमें तत्कालीन रूस की आलोचना थी, वहाँ आज तक नहीं छपा है। लाटिविया में वह पूरा प्रकाशित हुआ है। उनकी एक दिलचस्प मान्यता यह थी कि भविष्य में भारत के एक समृद्ध राष्ट्र के रूप में उदय के साथ-साथ विश्व जनमत की आँखों में टैगोर का कृति-व्यक्तित्व और निखरता जाएगा।

इस पर मैं सोचने लगा कि क्या किसी देश की आर्थिक समृद्धि और विश्व जनमत द्वारा उसके साहित्य की स्वीकृति के बीच कोई सीधा सम्बन्ध है? फिर छोटे और कम विकसित देशों का क्या होगा? कभी जे.बी. प्रिस्टले ने कहा था—"ऐसी सच्ची प्रतिभाएँ भी, जिन्होंने हो सकता है, अपने छोटे समाज और छोटे देश के लिए बहुत कुछ किया हो, पश्चिम के समाज में हो सकता है अनपहचानी रह जाएँ।" यदि यह सच है तो एक पीड़ादायक सच है, जो पश्चिम द्वारा प्रस्तावित विश्व साहित्य की अवधारणा पर प्रश्नचिह्न लगाता है और शायद साहित्य को देखने की पश्चिम की अवधारणा पर भी।

प्रो. वरयाम सिंह

(रूसी कविता के प्रसिद्ध अनुवादक)

ताज़ा-ताज़ा
सेब की गन्ध लिये
वे लौटे थे बंजार से
कि मैंने धीरे से पूछा—
अबकी सेब की फसल कैसी वरयाम जी!

'ख़राब'—उन्होंने कहा
फिर जोड़ा—
जो बची है उसे भी पक्षियों से डर है

'पक्षियों से डर!'

'हाँ-हाँ पक्षियों से डर
वे झुंड के झुंड इस तरह आते हैं
जैसे वह उन्हीं का बाग़ हो
और मुश्किल यह कि पक्षी का जुठाया सेब
कोई पूछता तक नहीं बाज़ार में—

कहकर वे हो गए
चट्टान की तरह चुप
पर मैंने सुना उनके होंठ
स्वगत बुदबुदा रहे थे—
'बाग़ चाहे मेरा हो
पर सेब तो उन्हीं के हैं...'

मैंने देखा उस समय
उनका पहाड़ी चेहरा
लग रहा था पुश्किन के
किसी छन्द की तरह।

सूर्यप्रताप : एक विस्मृत युवा कवि

वह लगभग एक विस्मृत कवि है, जिसके बारे में लिखने जा रहा हूँ। प्रचलित भाषा में उसे युवा कवि कहा जा सकता है, पर जब उसका निधन हुआ तो वह महज़ एक किशोर था। नाम सूर्यप्रताप—आगे सिंह जुड़ता था, पर वह पसन्द करता था कि लोग उसे सिर्फ़ सूर्यप्रताप कहें। पैदा हुआ देवरिया जिले (उत्तर प्रदेश) के लपकनी गाँव में। आरम्भिक शिक्षा देवरिया में हुई थी—फिर इंटरमीडिएट करने के लिए बनारस आ गया था, उदय प्रताप कॉलेज में। यहाँ वह मेरा सहपाठी बना—आत्मीय और प्रतिस्पर्द्धी—दोनों साथ-साथ। वय में वह मुझसे तीन या चार साल बड़ा था—भाषिक प्रौढ़ता और संवेदना की तीव्रता में कई गुना बड़ा। हम दोनों सीख रहे थे—पर धीरे-धीरे मैंने जाना कि एक छोटी-मोटी सिद्धि उसने पहले ही अर्जित कर ली है। पर दुर्भाग्यवश हमारा सहपाठी होना लम्बा नहीं चला। अचानक वह बीमार हुआ—गम्भीर रूप से बीमार—और बाद में पता चला उसे टी.बी. है। तब तक एंटीबायटिक दवाएँ भारत में आ चुकी थीं। इलाज उसका पहले दिल्ली में हुआ और फिर पटना में। मेरे लिए वह आज भी रहस्य है कि इतने प्रयासों के बावजूद उसे बचाया क्यों नहीं जा सका? यह रहस्य अब रहस्य ही बना रहेगा क्योंकि बीच के सारे तथ्य अब दुर्लभ हैं।

इस कवि की मृत्यु सन् 1957 में हुई थी, जिससे एक साल पहले, बनारस के कुछ साहित्यकारों के प्रयास से उसका एक संग्रह छपा था—पहला और अन्तिम—जिसका नाम था—'आस्था'। मृत्यु से जूझते हुए कवि के संकलन के

लिए यह एक गहरे अर्थ में प्रासंगिक और सटीक नाम था। पर जैसा नोटिस इस संग्रह का लिया जाना चाहिए था, नहीं लिया गया। मुझे याद आता है कि अशोक वाजपेयी ने सागर से 'समवेत' का जो पहला अंक निकाला था, उसे दो स्मृतिशेष युवा कवियों को समर्पित किया गया था, जिनमें से एक सूर्यप्रताप थे। सम्भवत: उनकी कुछ काव्य-पंक्तियाँ भी उद्धृत की गई थीं, जिनमें प्रेमिका की तस्वीर के सामने मृत्यु से जूझते हुए कवि की विडम्बनापूर्ण स्थिति का ज़िक्र था। अभी कुछ दिन पहले, कन्हैयालाल नन्दन द्वारा सम्पादित और साहित्य अकादेमी द्वारा प्रकाशित वृहत् गीत-संचयन में सूर्यप्रताप का एक भूला हुआ गीत देखा—ठीक उन्हीं दिनों का लिखा हुआ, जब हम साथ-साथ पढ़ते थे—तो सुखद आश्चर्य हुआ और लगा कि इतने बरस बाद भी यह कवि अपनी भाषा की स्मृति में कहीं अब भी बचा हुआ है। एक भुलक्कड़ कही जाने वाली भाषा में एक दिवंगत किशोर का लगभग पचास बरस बाद भी बचा रह जाना एक गहरी आश्वस्ति प्रदान करता है और इस बात की पुष्टि भी करता है कि भाषा किसी अदृश्य फिल्टर से छानकर उस चीज़ को ज़रूर बचा लेती है, जो बचाने लायक होती है।

पिछले पचास वर्षों के साहित्य के इतिहास पर यदि निगाह दौड़ाई जाए और उसमें से अकाल दिवंगत कवियों की कोई सूची बनाई जाए तो उसमें कुछ विलक्षण प्रतिभाओं के नाम आएँगे—चन्द्र कुँवर बर्त्वाल, सतीश चौबे, सूर्यप्रताप और शरद बिल्लौरे। नाम और भी हो सकते हैं। पर इस समय मुझे यही सूझ रहे हैं। क्या ऐसे कवियों का अलग से कोई संकलन तैयार किया जा सकता है? यह ख़याल अचानक आया और मैं इस अलग संकलन के औचित्य को लेकर पूरी तरह आश्वस्त नहीं हूँ। पर यह एक ऐसा प्रस्ताव है जिस पर विचार होना चाहिए, ऐसा मुझे लगता है।

सूर्यप्रताप ने दिल्ली के मिशन क्लीनिक से, चिकित्सा के दौरान अनेक पत्र मुझे लिखे थे, जो पुराने पत्रों के बंडल में शायद अब भी कहीं पड़े होंगे। वे सुलिपि के धनी थे—ऐसी ख़ुशख़त लिखावट मैंने कम देखी है। पर उन सुन्दर-सुडौल अक्षरों में एक ऐसे कवि की पीड़ा को पढ़ना जो कच्ची उम्र में मृत्यु से

लड़ रहा हो—एक दहला देने वाला अनुभव था। इस कवि की लगभग सारी कविताएँ मृत्यु की गहरी छाया में लिखी गई हैं। पर आश्चर्य होता है कि आसन्न मृत्यु की यंत्रणा के बीच भी यह कवि इस सारी नश्वरता के बीच जो सुन्दर है, उसे कहीं गहरे प्यार करता है। मृत्यु और जिजीविषा का यह विलक्षण द्वंद्व सूर्यप्रताप की कई कविताओं में देखा जा सकता है—ख़ास तौर से अस्पताल के बेड से लिखी हुई कविताओं में। एक ऐसी ही कविता की पंक्ति मुझे याद आती है—'कब तक अपने को खाकर अपनी प्यास पिऊँ।' इस कवि को जो छोटी-सी ज़िन्दगी मिली थी वह वैसे ही जी गई थी—अपने को खाकर और अपनी ही प्यास को पीकर। एक त्रिपदी में—जो अस्पताल में लिखी गई थी, सूर्यप्रताप ने मानो चुनौती के स्वर में कहा था—

मैं जो कुछ भी लिखता हूँ, व्यर्थ नहीं है
हूँ जहाँ खड़ा, तुम अगर वहाँ आ जाओ
फिर कह न सकोगे इसमें अर्थ नहीं है।

यह त्रिपदी का साँचा सूर्यप्रताप को बहुत प्रिय था। मैं ठीक-ठीक नहीं कह सकता कि यह त्रिपदी-शैली मूलत: आई कहाँ से। मेरा ध्यान लोकगीतों की ओर जाता है और मुझे लगता है, इसका कोई आदि-रूप वहाँ ज़रूर मौजूद होगा।

मुझे याद आता है कि लाटिविया की राजधानी रीगा में हमें बताया गया था कि वहाँ के एक संग्रहकर्ता ने अपने देश में घूम-घूमकर हजारों त्रिपदियों का एक विशाल संकलन तैयार किया था और वे सारी त्रिपदियाँ बोलियों से ढूँढ़कर लाई गई थीं।

इससे साबित होता है कि त्रिपदी विधा का एक अन्तर्राष्ट्रीय आयाम भी है। पर सूर्यप्रताप ने हिन्दी में जो त्रिपदी का साँचा गढ़ा था, वह उसकी अपनी निर्मिति थी।

गीत या अपेक्षाकृत लम्बी कविताओं में वह थोड़ा सहज लगता था, पर ज्यों ही त्रिपदी में लौटता था तो लगता था जैसे घर में लौट आया है। त्रिपदी का यह

त्रिकोणात्मक आकार काफ़ी हद तक उसकी संवेदना की नाप के अनुरूप था।

शायद यही कारण है कि उसने अपने अन्तिम दिनों की ज़्यादातर कविताएँ इसी शैली में लिखी थीं।

एक अजब बात यह है कि इन कविताओं में मृत्यु के स्वीकार के बाद की एक ऐसी मनोदशा की अभिव्यक्ति मिलती है, जिसमें एक गहरा लगाव, एक हल्का-सा व्यंग्य और कई बार ख़ुद पर ही हँसने की एक तिलमिला देने वाली ताक़त दिखाई पड़ती है।

अच्छा यही होगा कि इस व्याख्या-विस्तार को मैं यहीं समेटूँ और सीधे कुछ चुनी हुई त्रिपदियों से आपका साक्षात्कार कराऊँ, जो इस कवि का सबसे प्रामाणिक परिचय होगा—

रोशनी, फूल, मिट्टी, पत्थर और पानी
इन सबको मैंने गहरे प्यार किया है
इन सबने भुगती है मेरी नादानी

पहले कुछ ऐसा सोचे था—नेता हूँ
लेकिन न रहा कुछ चारा—सबने छोड़ा
अब प्रेम-व्रेम पर कविता लिख लेता हूँ।

मालूम न पड़ती जीवन में कुछ ख़ामी
सब कुछ था—होते रोटी के दो टुकड़े
अपने भी होते ठाट उमरखय्यामी।

ये मृत्यु के मुँह पर हँसने वाली कविताएँ हैं, जिनके रचयिता ने आज से कोई 47 वर्ष पहले 24 वर्ष की कच्ची उम्र में एक अस्पताल में दम तोड़ दिया था।

अनाम बन्धु

चीना बाबा
बसना कुशीनगर में

काफ़ी पहले—शायद 1974-75 के आसपास मैंने कुशीनगर में ज़मीन का एक टुकड़ा देखा था। सोचा था, उसे ख़रीदकर वहाँ एक छोटा-सा घर बनाऊँगा। यह सम्भव न हो सका, क्योंकि बीच में दिल्ली आ गई। दिल्ली और कुशीनगर, ये हमारे जीवन की वास्तविकता के दो छोर हैं, जिन्हें जोड़ने वाला पुल कभी बना ही नहीं। एक बार जब दिल्ली आ गया तो फिर न चाहते हुए भी दिल्ली का ही हो रहा। कुशीनगर को तो नहीं भूला, पर वह ज़मीन का टुकड़ा, जहाँ रिटायर होने के बाद बसना चाहता था, धीरे-धीरे स्मृति से ओझल होता गया। पिछले दिनों उधर जाना हुआ था और जब कुशीनगर से गुज़र रहा था तो देखा, वह ज़मीन का टुकड़ा अब भी उसी तरह ख़ाली है। पर वहाँ बसने की इच्छा कब की मर चुकी थी। 'मर चुकी थी'—शायद यह मैंने ग़लत कहा। सिर्फ़ दिल्ली की धूल की अनगिनत परतों के नीचे कहीं दब गई थी। उस दिन उस ज़मीन के ख़ाली टुकड़े को देखा तो दबी हुई इच्छा जैसे फिर से जग पड़ी। पर तब और अब के बीच लम्बा फ़ासला है। दिल्ली में बिना ज़मीन का एक घर ले लिया है—लगभग हवा में टँगा हुआ। यहाँ ज़्यादातर लोग हवा में टँगे हुए रहते हैं—शायद यह कास्मोपालिटन संस्कृति का ख़ास चरित्र-चित्रण है।

पहली बार जब कुशीनगर गया था तो वह ख़ासा उजाड़ था। बुद्ध की उस निर्वाण-स्थली को देखने जाने वालों की संख्या बहुत कम थी। विदेशी पर्यटक

तो बहुत कम दिखाई पड़ते थे। शायद आवागमन की सुविधा का अभाव इसका एक कारण रहा होगा। अब जापान सरकार की मदद से सड़क बेहतर हो गई है। बगल में ही एक हवाई अड्डे का निर्माण चल रहा है—जिस पर कहते हैं, बड़े हवाई जहाज़ भी उतर सकेंगे। एक सरकारी गेस्ट हाउस के अलावा अनेक नए विदेशी होटल बन चुके हैं—बेहद महँगे और आधुनिक सुविधाओं से संयुक्त। आधुनिकता इतनी महँगी क्यों होती है? क्या इसीलिए वह भारतीय जीवन की जो सामान्य धारा है, उसका हिस्सा आज तक नहीं बन पाई है? ऐसे में उत्तरआधुनिकता की चर्चा विडम्बनापूर्ण लगती है—मानो एक पूरा समाज छलाँग मारकर किसी नए दौर में पहुँच गया हो।

पर जिस कुशीनगर में मैं बसना चाहता था, वह एक और कुशीनगर था। उसका स्थापत्य कुछ ऐसा था, जैसे वह पूरा परिवेश खुदाई के बाद बाहर निकाला गया हो। शाल वन तो कब का ख़त्म हो चुका था। पर जो वृक्ष और वनस्पतियाँ बची थीं, उनमें थोड़ा-सा 'बनैलापन' कहीं अब भी दिखाई पड़ता था। इसी परिवेश के एक अविच्छिन्न हिस्सा थे—चीना बाबा। हाँ, इसी नाम से उस क्षेत्र की जनता उन्हें जानती थी। उनके बारे में असंख्य कहानियाँ प्रचलित थीं। पर वे उस अर्थ में बाबा नहीं थे, जिस अर्थ में हम इस शब्द को जानते हैं। वे चीनी मूल के थे और पिछली शताब्दी के शुरू में कभी भटकते हुए कुशीनगर आ गए थे, लगभग किशोर वय में। वे पर्यटक की तरह नहीं आए, ऐसे आए थे जैसे किसी स्थान के आकर्षण में खिंचा हुआ कोई चला आता है। वे चुपचाप आए थे और एकदम चुपचाप उस स्थान के एक कोने में रहकर उन्होंने लगभग साठ बरस बिता दिए।

कोई घर नहीं था उनके पास—यहाँ तक कि एक झोंपड़ी भी नहीं। घर की जगह उन्होंने एक पेड़ को चुना था। मुझे कई बार लगता है कि पेड़ शायद आदमी का पहला घर है। इसीलिए जब उसे कहीं जगह नहीं मिलती, तो वह उसी घर में चला जाता है और यह कितना अद्‌भुत है कि उसका दरवाज़ा हमेशा खुला मिलता है। तो उस किशोर चीनी भिक्खु को भी (जिसे बाद में भातीय मानस ने

चीना बाबा का नाम दे दिया) उसी वृक्ष-घर ने पहले शरण दी, एकदम नि:शुल्क। वह वृक्ष भी कोई सामान्य पेड़ नहीं था—एक विशाल बरगद। बरगद की हज़ार ख़ूबियाँ होती हैं—पर एक बहुत बड़ी ख़ूबी यह होती है कि वह पक्षियों के लिए एक उन्मुक्त सदावर्त की तरह होता है—एकदम निर्बाध और चौबीसों घंटे खुला। वह किशोर चीनी भिक्खु भी एक पक्षी की तरह उड़कर उस बरगद के पास आ गया था और बरगद ने सिर्फ़ उसे रहने की जगह ही नहीं दी, खाने-पीने का भी बन्दोबस्त कर दिया। खाने के लिए ऊपर 'पकुहे' (बरगद की छोटी-छोटी फलियाँ) थे और नीचे पुरातन नदी का पवित्र जल।

पर उस विशाल वट-वृक्ष की एक और ख़ूबी थी। वह एक स्तूप के ऊपर खड़ा था और उसके दबाव से स्तूप एक ओर थोड़ा झुक गया था। बौद्ध इतिहास स्तूपों से भरा है। पर निर्वाण-स्थली के पास का वह स्तूप न सिर्फ़ सबसे छोटा है, बल्कि सबसे अनगढ़ भी। उसकी अनगढ़ता को वट-वृक्ष ने थोड़ा ढँक लिया था और वहाँ इस तरह खड़ा था, जैसे स्तूप के साथ ही उसकी रचना की गई हो। उसी वट-वृक्ष पर चीनी भिक्खु ने एक छोटी-सी मचान बना ली थी और अपने दीर्घ जीवन के पूरे साठ साल उसी पर बिताए थे। और बातें छोड़ भी दें तो यह अपने आप में एक रोमांचकारी घटना की तरह लगता है।

अगर मैं भूलता नहीं तो सन् 1960 में तत्कालीन प्रधानमंत्री पंडित जवाहरलाल नेहरू कुशीनगर आए थे—किसी कार्यक्रम के सिलसिले में। कहते हैं उस समय उन्हें वह स्तूप भी दिखाया गया था, जो असल में वृद्ध चीनी भिक्खु का 'घर' था। पं. नेहरू बौद्ध संस्कृति के प्रेमी थे। उन्हें स्तूप पर बरगद का होना अटपटा—बल्कि स्तूप के लिए क्षतिकारक भी लगा। सो, उन्होंने आदेश दिया कि बरगद को काट गिराया जाए। कहते हैं कि इसकी सूचना जब वृद्ध भिक्खु को दी गई तो उसने प्रतिरोध किया। पर आदेश ऐसा था कि उसे टाला नहीं जा सकता था। इसलिए एक सुबह मज़दूर बुला लिये गए और बरगद को काट गिराने का निश्चय कर लिया गया। अब बरगद पर चीनी भिक्खु था और नीचे सरकारी अहलकार। भिक्खु का तर्क था कि यह मेरा घर है और इसे काटा नहीं

जा सकता और जनता की प्रतिक्रिया यह थी कि भिक्खु के तर्क में दम है। पर हुआ वही जो होना था। भिक्खु को जैसे-तैसे नीचे उतरने के लिए राजी किया गया। उसे इस तर्क ने लाचार और निहत्था कर दिया कि यदि बरगद को नहीं काटा गया तो स्तूप टूटकर गिर जाएगा। बरगद को काट गिराया गया, पर जो टूटकर नीचे गिरा, वह असल में वृद्ध चीनी भिक्खु था। वह मचान से उतरकर नीचे आ तो गया—पर इस तरह जैसे उसकी आँखों के आगे पूरे साठ साल भहराकर गिर पड़े हों।

मैं इस घटना-क्रम के बीच उस भिक्खु से मिला था—नहीं, उसे सिर्फ़ 'देखा' था। उनके लिए स्तूप के निकट ही एक छोटा-सा कमरा बनवा दिया गया था, जिसमें वह बन्द था। उसने कई दिनों से खाना-पीना बन्द कर रखा था। आसपास के लोग खाना लेकर आते थे और खिड़की से आवाज़ देते थे—'चीना बाबा, खाना खा लो।' पर वह उस आवाज़ से जैसे हजारों मील दूर कहीं पड़ा था—मानो चीन देश की किसी छोटी-सी पुरानी कोठरी में। यह उसका निर्वाण था—लगभग उसी भूखंड पर जहाँ बुद्ध का निर्वाण हुआ था।

अब यह घटना एक किंवदंती बन चुकी है। पर जब भी उस प्रसंग को याद करता हूँ तो मेरा अपना कुशीनगर में बसने का विचार और वहाँ न बस पाने की कसक—दोनों ढोंग की तरह लगते हैं।

एक पीयूषपाणि 'छोटा डॉक्टर'

उस छोटे शहर में पढ़े-लिखे के बीच वे इसी रूप में जाने जाते थे। उनके पास कोई बड़ी डिग्री न थी। बस एकमात्र एक लम्बे अनुभव की पूँजी थी—उनका एक सहज मेडिकल विज़डम, जिसे उन्होंने कानपुर के बड़े डॉक्टर के अधीन काम करते हुए अर्जित किया था। पर मेरा ख़याल है कि थी तो वह जन्मजात ही। अनुभवों ने सिर्फ़ उसे एक धार दी थी और एक दिशा भी—यह कि—उन्हें कहाँ और किनके बीच काम करना है, सो वे महानगर छोड़कर उस छोटे से टाउन के बीच आ बसे जो शायद देश के सबसे ग़रीब इलाक़ों में से एक है। यहाँ वे लोग थे जिनकी तराई की धूल में सनी-लिपटी बदहाली को वे बचपन से जानते थे। वे आँखें थीं जो बिना कहे भी अपना सारा दुख बयान कर देती थीं और उनके बीच उनका अब अपना डॉक्टर था, जो उसी मिट्टी से पैदा हुआ था। वहाँ का तथाकथित सभ्य समाज उन ग़रीबी के मारे लोगों को अपनी बोली में 'बउक' कहता था और कैसी मारक विडम्बना कि वे लोग भी जिन्हें 'बउक' उपाधि से मंडित किया जाता था, वे उसे सुनकर सिर्फ़ हँसते थे—एक ऐसी आत्मा तक मथ देनेवाली हँसी, जिसे अगर हँसी न कहूँ तो फिर और क्या कहूँ, मैं नहीं जानता। हाँ—'बउक' शब्द भी उनकी तरह उसी मिट्टी से पैदा हुआ और उस टाउन के श्रेष्ठिजन या पढ़े-लिखे लोग पान चबाते हुए जब उस शब्द का इस्तेमाल करते थे तो उनकी बाँछें खिल जाती थीं—'राग दरबारी' के लेखक के अनुसार वे जहाँ भी होती हों!

बहरहाल यह भूमिका ज़रा लम्बी खिंच गई। मैं पीयूषपाणि शब्द को भूला नहीं हूँ—यानी ऐसा डॉक्टर जिसके हाथ से रोगी के लिए अमृत टपकता हो। मैंने उन हाथों को देखा था। वहाँ संस्कृत के एक जाने-माने विद्वान थे, जिन्होंने उस छोटे डॉक्टर के लिए इस विशेषण का आविष्कार किया था। वे उन उपेक्षित बदहाल लोगों के डॉक्टर थे, जिन तक—इस नई सदी में भी आधुनिक चिकित्सा अभी पहुँची नहीं है। मरना वहाँ जीने की तरह स्वाभाविक प्रक्रिया है, जिसके लिए कोई गिला-शिकवा नहीं। तो पीयूषपाणि लल्लन शर्मा उन्हीं के डॉक्टर थे—सदा सुलभ—और उन निरीह आँखों की भाषा के सहजमर्मी।

जो लोग उनके पेशेंट होते थे उनमें एक मैं भी था। सौभाग्यवश ('दुर्भाग्यवश' कहना अशिष्टता होगी, इसलिए उसे स्थगित रखता हूँ) मैं वहाँ के सबसे बड़े कॉलेज का प्रिंसिपल हो गया था। प्रिंसिपली शायद दुनिया का सबसे बड़ा सरदर्द है—इसका पता मुझे न था। वह जे.पी. आन्दोलन का ज़माना था—युवा शक्ति का ऐसा उभार सन् 42 के बाद शायद पहली बार देखा गया था। मेरा कॉलेज समाजवादियों का गढ़ था। एक ओर पुलिस का डंडा, दूसरी ओर कॉलेज का प्रबन्ध-तंत्र और दोनों के बीच उस युवा उभार के प्रति संवेदनशील एक प्रिंसिपल। कठिन था इस परीक्षा में पास होना। छात्र मुझे आमतौर पर प्यार करते थे। परन्तु प्रबन्ध-तंत्र का रुख़ थोड़ा कड़ियल था और छात्रों के प्रति मेरी दबी सहानुभूति के कारण थोड़ा सन्देहशील भी। मेरे भीतर का रचनाकार कहता था कि मुझे इस्तीफ़ा दे देना चाहिए। पर सामने की चुनौती कहती थी कि भागना कायरता होगी। सो, उस भयानक तनाव के माहौल में जब कभी प्रबन्ध-तंत्र के व्यवहार से घबरा जाता था तो टहलता हुआ शाम को उस अनुभव-वृद्ध श्वेतकेशी डॉक्टर के पास चला जाता था। एक शाम जब परेशान-सा उनके पास पहुँचा तो मुझे देखकर उन्होंने धीरे से पूछा—क्या बात है! कुछ परेशान-से दिख रहे हैं? मैंने कहा—कुछ नहीं, बस सर चकरा रहा है। मेरे इस उत्तर की पृष्ठभूमि वे जानते थे। इसलिए सिर्फ़ इतना कहा—बैठिए, अभी देखता हूँ। दो-एक प्रतीक्षारत रोगियों से उन्हें छुट्टी मिली तो सबसे पहले मेरे लिए चाय मँगाई। फिर मेरे बी.पी. की

जाँच की। दो-एक ज़रूरी सवालों के बाद दवा की पर्ची पर मेरे लिए एक दवा लिखी—इस निर्देश के साथ कि इसे किसी केमिस्ट की दुकान से ले लीजिएगा। चलते समय उन्होंने एक दवा की दुकान का नाम भी बताया, जो उस टाउन की सबसे बड़ी दुकान थी। उनसे विदा लेकर मैं सीधे उस बड़ी दुकान के पास पहुँचा। उस छोटे शहर में प्राय: हर आदमी हर आदमी को जानता था। सो केमिस्ट के लिए मैं अनजान नहीं था।

मैंने जब डॉक्टर की दी हुई पर्ची उसे दी तो वह कुछ देर अवाक् मुझे देखता रहा। फिर धीरे से बोला—सॉरी, यह तो मेरे पास नहीं है। यह बात उसने हँसते हुए कही जो मुझे अटपटी लगी। पर मैं उसी तरह गम्भीर बना रहा। जब दुकान से बाहर निकला तो मैंने रुककर पर्ची पर लिखी दवा का नाम पढ़ने की कोशिश की और उस घसीट लिखावट को पढ़ने में मुझे थोड़ा समय लगा। पर जब उस अचूक दवा का नाम पढ़ लिया तो केमिस्ट की हँसी समझ में आई। फिर हँसा मैं भी—पर सिर्फ़ वृद्ध डॉक्टर के मज़ाक़ पर नहीं—अपनी मूर्खता पर भी। पर दवा तो मुझे मिल गई थी। सो मैंने उस अमूल्य पर्ची को सहेजकर जेब में रख लिया। ढूँढूँ तो मेरे पुराने काग़ज़ों में कहीं दबी हुई वह अब भी मुझे मिल जाएगी। यह शायद तीस-पैंतीस साल पहले की बात है—पर दवा का वह नाम मेरी स्मृति में अब भी कहीं टँका हुआ है—'डॉन्ट केयर'। वह पीयूषपाणि डॉक्टर अब इस दुनिया में नहीं हैं। पर उनकी दी हुई दवा मेरे पास है और जब भी परेशान होता हूँ, उसकी एक खुराक वृद्ध डॉक्टर की स्मृति को सिर झुकाकर खा लेता हूँ।

भला बाज़ार में कहाँ मिलेगी ऐसी दवा!

एक ठेठ देहाती कार्यकर्ता के प्रति

वक़्त-बेवक़्त
वह साइकिल दनदनाता हुआ चला आता है
कई बार मैं झुँझला उठता हूँ
उसके इस तरह आने पर
उसके सवालों और उसके तम्बाकू पर
तिलमिला उठता हूँ मैं
मैं बेहद परेशान हो जाता हूँ
उसकी ग़लत-सलत भाषा
उसके शब्दों से गिरती धूल
और उसके उन बालों पर
जो उसके माथे से पूरी तरह उड़ गए हैं

कई बार
उसकी भूकम्प-सी चुप्पी
मुझे अस्त-व्यस्त कर देती है

उसकी साइकिल में हवा
हमेशा कम होती है

अनाम बन्धु

हमेशा उसकी बगल में होता है
एक और कोई चेहरा
जिसे थाने पर बुलाया गया है
मुझे थाने से चिढ़ है
मैं थाने की धज्जियाँ उड़ाता हूँ
मैं उस तरफ़ इशारा करता हूँ
जिधर थाना नहीं है
जिधर पुलिस कभी नहीं जाती
मैं उस तरफ़ इशारा करता हूँ

वह धीरे से हँसता है
और मेरी मेज़ हिलने लगती है
मेरी मेज़ पर रखी किताबें
हिलने लगती हैं
मेरे सारे शब्द और अक्षर
हिलने लगते हैं

मैं उसे रोकता नहीं
न कहता हूँ कल परसों
दोपहर
शाम

वह उठता है
और दरवाज़ों को ठेलकर
चला जाता है बाहर

मेरी उम्मीद
उसका पीछा नहीं करती
सिर्फ़ कुछ देर तक
चील की तरह हवा में मँडराती है
और झपट्टा मारकर
ठीक उसी जगह बैठ जाती है
जहाँ से वह चला गया था

मरना एक मामूली आदमी का

आज एक चिट्ठी आई, जिससे मालूम हुआ—जगन्नाथ नहीं रहा। आप उसे नहीं जानते। जानने का कोई कारण भी नहीं है। अगर कोई परिचय देना ही हो तो कहूँगा—वह भारत की भीड़ का सबसे अन्तिम नागरिक था—जिसे शास्त्र की भाषा में अन्त्यज कहा जाता है। मैं ठीक-ठीक कारण तो नहीं बता सकता, पर इस 'शास्त्र' शब्द से मुझे डर लगता है—शायद इसलिए कि उसमें एक शासक की-सी ध्वनि है। जगन्नाथ की यह ख़ुशकिस्मती थी कि वह शास्त्र-पुराण से बिलकुल अछूता था। इसलिए बेलाग और निर्भय था और अपने हज़ार दुखों के बीच भी गर्दन झुकाकर नहीं चलता था। और वह मर गया। पर यहाँ एक छोटी-सी भूल-सुधार कर लूँ। मैं जिसे जगन्नाथ कह रहा हूँ, वह गाँव के लोगों की ज़बान पर असल में 'जगरनाथ' था—यानी तत्सम से गिरा हुआ एक धूल-सना तद्भव। आगे मैं उसे इसी नाम से पुकारूँगा। हमारी भाषा में वर्ण-व्यवस्था की जड़ें किस तरह घुसी हुई हैं, इस पर प्राय: विचार नहीं किया गया है। कभी किया जाएगा तो 'जगरनाथ' जैसे असंख्य मामूली जनों के नामों के भीतर से एक ऐसी दुनिया झाँकती दिखाई पड़ेगी, जिसका सामना करने के लिए अतिरिक्त साहस की ज़रूरत होगी।

अब कुछ बातें उस व्यक्ति के बारे में जो कि जगरनाथ था। वह मेरा बचपन का मित्र था। यह मित्रता तब तक क़ायम रही, जब तक हम बाग़-बगीचों में खेलते रहे। पर मुझे याद है कि जिस दिन मैंने गाँव की पाठशाला में प्रवेश किया

उसी दिन हमारे रास्ते अलग हो गए। जगरनाथ तो वहीं बाग़-बगीचों में छूट गया और मैं स्कूल से कॉलेज और कॉलेज से विश्वविद्यालय के गलियारों में आ गया। मैं आज भी इस प्रश्न का उत्तर खोजने में अपने को असमर्थ पाता हूँ कि वर्तमान शिक्षा-व्यवस्था क्या उस प्रक्रिया का नाम है जो आदमी को आदमी से और अन्ततः स्वयं को स्वयं से अलग करती है। बहरहाल, जो भी हो, एक बार कच्ची उम्र में ही जगरनाथ ने जो हल की मूठ पकड़ी तो फिर जीवन-भर वह उसके हाथ से न छूटी। और फिर एक दिन उसने चुपचाप दम तोड़ दिया और यह कोई ख़बर नहीं थी, जिसे कोई अख़बार छापे। इस देश के मानस के सबसे बड़े व्याख्याता कालिदास कह गए हैं कि मरना प्रकृति है और जो प्रकृति है वह बस है और उसके लिए किसी से गिला-शिकवा क्या? पर चूँकि मैं उस जगरनाथ नामधारी जन को निकट से जानता हूँ, इसलिए उसके जीवन के नेपथ्य में जिस त्रासदी का पूर्वाभ्यास बरसों से चल रहा था, उसे भी थोड़ा-बहुत जानता हूँ। इस समय जबकि ये पंक्तियाँ लिख रहा हूँ, उस त्रासदी के कई देखे-अनदेखे दृश्य मेरी आँखों के सामने घूम रहे हैं। बाक़ी बातें छोड़कर उनमें से सिर्फ़ कुछ का यहाँ ज़िक्र करना चाहूँगा।

कोई सात-आठ साल पहले की बात है। बड़े दिन की छुट्टियों में गाँव गया तो बाहर सिवान पर ही जगरनाथ से भेंट हो गई। दुआ-सलाम के बाद मैंने साग्रह उससे कहा कि फ़ुर्सत हो तो कल सुबह मेरे घर आ जाए। आग्रह का यह स्वर उसे अटपटा लगा—शायद थोड़ा अविश्वसनीय भी। फिर भी वह आया। आते ही कहा—"बताइए, क्या काम है?" मैंने कहा, "भाई, किसी काम से नहीं, बस यों ही बुला लिया था।" मैंने देखा, उसके चेहरे पर अविश्वास का वह साँवला रंग थोड़ा और गहरा हो गया—जैसे उसकी आँखें कह रही हों, 'मुझे तो जब भी कहीं बुलाया जाता है, हमेशा किसी काम से बुलाया जाता है। यह यों ही बुलाना क्या हुआ?' वह अनमना-सा बैठा रहा। कुछ देर घर-बार की बातें होती रहीं—जैसे उसका बेटा विक्षिप्त हो गया है, कुछ दिनों पहले उसकी बकरी मर गई और यह कि उसके पेट में एक ऐसा दर्द अक्सर उठता है, जिसका कोई इलाज

किसी डॉक्टर के पास नहीं। मैं चुपचाप सुनता रहा और भीतर कहीं क्षत-विक्षत होता रहा। फिर वह उठा और चला गया। यह वह जगरनाथ नहीं था, जिसे मैं बरसों से जानता था। मैंने देखा, जब वह जा रहा था तो उसकी खुरपी उसके हाथ में थी—उसके जीवन-संग्राम का वह हथियार, जिससे वह दुखों से लड़ता था।

एक और भेंट याद आ रही है, जिसमें उसका एक बिलकुल अलग चेहरा मैंने देखा था। उसके सिर पर घास का गट्ठर था और बगल में उसकी बकरी। उसने गट्ठर एक तरफ़ रख दिया और पूछा—"भैया सुना है, आप गाना बनाते हैं, कविता लिखते हैं"—यह पूछने का कोई दूसरा ढंग उसके पास था भी नहीं। फिर उसने आग्रह किया कि कभी मैं उसे कुछ सुनाऊँ। मैंने कोई उत्तर नहीं दिया। असल में कोई उत्तर मेरे पास था भी नहीं। पहली बार एक जीते-जागते आदमी के सामने एक अपराधी की तरह मैं खड़ा था—अपनी सारी कविताई और अपने सारे आधुनिक सौन्दर्य-बोध के साथ। उस अपराध-बोध से आज तक उबर नहीं पाया हूँ। मेरा ख़याल है कि हमारे समय के अधिकांश श्रेष्ठ लेखन को, उसके ऊपर का छिलका उतारकर देखा जाए तो उसके नीचे इस अपराध-बोध के एक-आध रेशे ज़रूर दिखाई पड़ेंगे।

पर उससे जो अन्तिम भेंट हुई, उसकी स्मृति अधिक पीड़ादायक है। वह अपने घर, जो कि असल में एक झोंपड़ी थी, के सामने बैठा था। मैंने देखा—वह बहुत दुर्बल हो गया था—लगभग अपनी हड्डियों में चिपका हुआ। पूछने पर पता चला, उसके पेट का वह रहस्यमय दर्द इधर और बढ़ गया है और यह कि डॉक्टर जो दवा बताता है, उसे ख़रीदना उसके बस के बाहर है। दवाएँ महँगी हो गई हैं और निरन्तर और महँगी होती जा रही हैं, यह मैं जानता था। पर जिस तथाकथित उदारीकरण का यह परिणाम था, उसे उसको समझा सकूँ—मुझे लगा, ऐसी भाषा मेरे पास नहीं है।

हमारी भाषा एक ठेठ आदमी के सामने इतनी लाचार क्यों हो जाती है, इस पर अलग से सोचने की ज़रूरत है। पर उस दिन उस जर्जर अवस्था में भी उस आदमी में मैंने एक अद्भुत चुहल देखी। वह वोट का समय था। बोला—"भैया,

वोट तो चोट है, इसलिए मैंने आज तक वोट दिया ही नहीं।" फिर वह अपना पेट सहलाने लगा, जहाँ दर्द शायद तेज़ हो गया था। थोड़ा-बहुत जो उस समय किया जा सकता था, मैंने किया और उसे उसके रहस्यमय दर्द के साथ वहीं छोड़कर दिल्ली आ गया।

और अब मेरे हाथ में वह चिट्ठी है, जिसमें लिखा है कि जगरनाथ नहीं रहा। ब्रह्म की तरह उसका दर्द अन्त तक रहस्यमय ही बना रहा। यह लिखते समय मेरे सामने आज का अख़बार है। प्रथम पृष्ठ पर एक ख़बर है कि प्रधानमंत्री के इलाज के लिए अमेरिका से एक डॉक्टर को बुलाया जा रहा है। मुझे लगा, हमारे जनतंत्र के ये दो छोर हैं। एक ओर जगरनाथ था, जिसके दर्द को अन्त तक नहीं पहचाना जा सका, इसलिए वह 'रहस्यमय' था।

दूसरी ओर सत्ता के सर्वोत्तम आसन पर विराजमान एक व्यक्ति है, जिसके दर्द की पहचान के लिए सात समुन्दर पार से डॉक्टर बुलाया जा सकता है। बेशक जो प्रधानमंत्री है, उसकी रक्षा ज़रूरी है। पर जो गौण है—इतना गौण कि दिखाई भी नहीं पड़ता, उसकी रक्षा कौन करेगा? ज़ाहिर है, उसे इलाज के लिए लंदन या अमेरिका नहीं भेजा जा सकता। पर अपने देश में जो चिकित्सा-सुविधा सुलभ है, वह उसे मिल सके, इसकी गारंटी क्यों नहीं दी जा सकती? जगरनाथ का वह रहस्यमय दर्द, जो अन्त तक रहस्य बना रहा, हमारी सारी व्यवस्था पर एक सख़्त टिप्पणी है और शायद यह भयावह संकेत भी है कि रहस्यवाद साहित्य में चाहे पुराना पड़ चुका हो, किसी चोर दरवाज़े से मानो जीवन में लौट रहा है।

जगरनाथ

कैसे हो मेरे भाई जगरनाथ?
कितने बरस बाद तुम्हें देख रहा हूँ
यह गुम्मट-सा क्या उग आया है
तुम्हारे ललाट पर?
बच्चे कैसे हैं?
कैसा है वह नीम का पेड़
जहाँ बँधती थी तुम्हारी बकरी?
मैं?
मैं तो बस ठीक ही हूँ
खाता हूँ
पीता हूँ
बक-बक कर आता हूँ क्लास में
यदि मिल गया समय तो दिन में भी
मार ही लेता हूँ दो-एक झपकी
पर हमेशा लगता है मेरे भाई
कि कहीं कुछ गड़बड़ ज़रूर है
पर छोड़ो, तुम कैसे हो?
कैसा चल रहा है कामधाम?

अरे वो?
उसे जाने दो
वह बनसुग्गों की पाँत थी
जो अभी-अभी उड़ गई हमारे ऊपर से
वह है तो है
नहीं है तो भी चलती ही रहती है ज़िन्दगी
पर यह भी सच है मेरे भाई
कि कई दिनों बाद
यदि आसमान में कहीं दिख जाए
एक हिलता हुआ लाल या पीला-सा डैना
तो बड़ी राहत मिलती है जी को
पर यह तो बताओ
तुम्हारा जी कैसा है आजकल?
क्या इधर बारिश हुई थी?
क्या शुरू हो गया आमों का पकना?
यह एक अजब-सा फल है मेरे भाई
सोचो तो एक स्वाद और ख़ुशबू से
भर जाती है दुनिया
पर यह क्या?
तुम्हारे होंठ फड़क क्यों रहे हैं?
तुम अब तक चुप क्यों हो मेरे भाई?
ज़रा पास आओ
मुझे बहुत-कुछ कहना है
अरे, तुम इस तरह खड़े क्यों हो?
क्यों मुझे देख रहे हो इस तरह?
क्या मेरे शब्दों से आ रही है

झूठ की गन्ध
क्या तुम्हें जल्दी है?
क्या जाना है काम पर?
तो जाओ
जाओ मेरे भाई
रोकूँगा नहीं
जाओ...जाओ...

और इस तरह
वह चला जा रहा था
मुझे न देखता हुआ
और उस न देखने की धार से
मुझे चीरता-फाड़ता हुआ
मेरा बचपन का साथी
जगरनाथ दुसाध!

नूर मियाँ की तलाश में

फ़रवरी के शुरू में अचानक गाँव जाना हुआ। यह समय है, जब गाँव बौरों के आने और फ़सलों के पकने का इन्तज़ार करता है। अबकी मैंने पाया कि लोग आम के पेड़ों की ओर तो गाहे-बगाहे देख लेते हैं—यह जानने के लिए कि बौर अभी आए या नहीं—पर फ़सलों के पकने के प्रति जो उत्कट उत्सुकता होती थी, उसकी तीव्रता कम हो गई है। एक वृद्ध जन से पूछा तो उन्होंने बताया कि सत्तर साल पहले जब उन्होंने होश सँभाला था, तब से आज तक ऐसा नहीं हुआ था। ऐसा क्यों हुआ, यह पूछने पर वे शहर की चर्चा करने लगे। बोले—"सब उधर ही भाग रहे हैं। खेती में क्या रखा है? सारी पूँजी लगा दो और जब फ़सल घर आए तो गाँठ की दमड़ी भी गँवा दो। ले-दे बराबर भी हो तो किसान बर्दाश्त कर ले। पर अब तो सारा गाँव बाज़ार की ओर मुँह किए बैठा है।" यह उस वृद्ध किसान की बातचीत का सारांश है, जो मुझे कहीं गहरे छू गया।

इस समय गाँवों में एक बिलकुल नई बेचैनी है। सड़कें बन रही हैं। पुल बन रहे हैं। नई ट्रेनों का चलना शुरू हो गया है। पर लोग बेचैन हैं। उन्हें शिकायत है कि शहर हमारी ओर ध्यान नहीं देता। पर विडम्बना यह है कि वे चाहते हैं कि उनके बेटे का उसी शहर में कहीं जुगाड़ हो जाए। थोड़े-बहुत अन्तर के साथ आज सारे के सारे भारतीय गाँव इन्हीं विरोधाभासों के बीच कहीं जी रहे हैं।

पर इस बार गाँव गया तो मन में कहीं एक दबी हुई इच्छा भी थी कि नूर मियाँ के बारे में कुछ पता किया जाए। नूर मियाँ—यानी वह एक जीती-जागती

सचाई, जिसका मेरी एक कविता—'सन् 47 को याद करते हुए' में ज़िक्र आता है। मेरे एक स्नेही पाठक ने कभी आग्रह किया था कि यदि सम्भव हो तो नूर मियाँ के जीवन पर थोड़ा और प्रकाश डालूँ। आज से 52 या 53 साल पहले वे उसी गाँव के निवासी थे, जिसका मैं पहले जिक्र कर चुका हूँ। मैंने अपने बचपन में उन्हें देखा था। जहाँ तक मुझे याद आता है, वे कोलकाता की किसी जूट मिल में काम करते थे और जिस तरह का काम करते थे उसे सभ्य भाषा में मज़दूरी कहा जाता है। मुझे यह भी याद है कि जब भी वे छुट्टी में गाँव आते थे तो अड़ोस-पड़ोस के बच्चों के लिए कुछ न कुछ लेकर ज़रूर आते थे। उसका एक हिस्सा मेरे परिवार तक भी ज़रूर पहुँचता था।

उनका एक छोटा-सा घर था—मिट्टी का। मेरी स्मृति में कहीं न कहीं यह भी टँका है कि उसमें प्रवेश करने के लिए झुककर जाना पड़ता था। कुल जमा उनके पास यही एक जगह थी, जिसे वे अपना कह सकते थे। घर में बीवी थी, पर बच्चा कोई नहीं। मुझे उस नाटे क़दवाली स्त्री की भी अच्छी तरह याद है, जिसे मैंने अक्सर एक छोटी-सी टोकरी के साथ खेतों की ओर जाते हुए देखा था। ऐसा गाँव के मज़दूर-परिवारों की ज़्यादातर स्त्रियाँ करती थीं। उन्हें उस समय भी खेतों की ओर जाते हुए देखा जा सकता था जब खेत कट चुके होते थे और दूर-दूर तक हरियाली की एक खुत्थी तक दिखाई नहीं पड़ती थी। पर आश्चर्य यह कि जब वे लौटती थीं, तो उनकी टोकरी में कुछ न कुछ ज़रूर होता था। यह 'न कुछ' से कुछ न कुछ निकाल लेने की जुगत सिर्फ़ गाँव की स्त्रियाँ जानती हैं। नूर मियाँ की बीवी ऐसी ही स्त्रियों में से एक थीं। नूर मियाँ जितने ही विनम्र थे, भीतर से उतने ही स्वाभिमानी। पर उनकी बीवी एक ऐसी स्त्री थीं, जिन्हें आते-जाते तो देखा जा सकता था, बोलते हुए शायद ही किसी ने कभी सुना हो। गाँव में मुसलमानों के कई परिवार थे—कोई सात या आठ—और सबकी स्थिति कमोबेश एक जैसी ही थी।

कभी-कभी उन परिवारों को देखकर मैं सोचता था कि वह क्या है उनके भीतर जो अपने ही समाज में अलग-थलग रहते हुए भी अपनी मिट्टी और अपने

समूचे परिवेश से कहीं दृढ़ता से बाँधे रखता है। क्या धर्म से बड़ी ताक़त मिट्टी की होती है? सन् 47 में जब भारत आज़ाद हुआ तो उसके बाद गाँव के लगभग सारे मुस्लिम परिवार गाँव में ही बने रहे। पर सिर्फ़ एक नूर मियाँ का परिवार था जिसने एक रात चुपचाप, शरतचन्द्र की कहानी 'महेश' के वृद्ध दम्पती की तरह (जो संयोगवश मुसलमान ही थे) अपने ढहते हुए मिट्टी के घर को वहीं छोड़कर गाँव तज देने का फ़ैसला किया। अगली सुबह सारे गाँव में यह अफ़वाह गर्म थी कि वे पाकिस्तान चले गए। फिर क्या था, उनके मकान को ढहा दिया गया, सामने के चबूतरे को तोड़ डाला गया (जहाँ कभी ताजिए रखे जाते थे) और बची हुई ज़मीन को लोगों ने आपस में बाँट लिया। यह मान लिया गया था कि अब नूर मियाँ कभी नहीं आएँगे। पर कुछ समय बाद अचानक एक दिन उन्होंने प्रकट होकर सबको चकित कर दिया। मैं तब गाँव में नहीं था। पर लोग बताते हैं कि वे आए, उन्होंने उस स्थान को देखा, जहाँ कभी उनका घर हुआ करता था और कुछ देर वहाँ अवाक् खड़े रहे। उन्होंने किसी से कुछ नहीं कहा—जैसे सब कुछ उन्हें पहले से मालूम हो। फिर कुछ देर वहाँ खड़े रहने के बाद मुड़े और चुपचाप वहीं लौट गए, जहाँ से आए थे। पर कहाँ लौट गए, इसको लेकर गाँव में कई तरह की चर्चाएँ थीं। ज़्यादातर लोग यही मानते थे कि वे पाकिस्तान चले गए। बहस सिर्फ़ इस बात पर होती थी कि कौन-सा पाकिस्तान—पूर्वी या पश्चिमी? बहसें धीरे-धीरे थम गईं। पर उसके काफ़ी बाद तक कुछ लोगों के भीतर—ख़ासकर गाँव की वृद्धा स्त्रियों के मन में एक आशंका भरी प्रत्याशा अटूट बनी रही कि एक दिन अचानक वे उसी तरह प्रकट हो जाएँगे, जैसे उस बार हो गए थे। पर ऐसा नहीं हुआ।

इस बार गाँव में एक ऐसे आदमी से भेंट हुई, जो कोलकाता पुलिस की सेवा से अभी-अभी रिटायर होकर आए थे। बातचीत के क्रम में न जाने कैसे नूर मियाँ का ज़िक्र आ गया। फिर उन्हीं से पता चला कि वे ढाका या मुल्तान कहीं नहीं गए थे—अन्तिम क्षण तक यहीं थे—हावड़ा की एक पुरानी गन्दी गली में। अकेले नहीं थे, बीवी भी साथ में थी और दोनों अन्तिम दिनों में अंधे हो गए थे।

अंधा होने के लिए पाकिस्तान या कहीं भी और जाने की क़तई ज़रूरत नहीं थी।

'सन् 47 को याद करते हुए' कविता जो कहती है, वह कविता का अपना तर्क है। पर मुझे कविता लिखे जाने के काफ़ी समय बाद पता चला कि नूर मियाँ के जीवन का गति-चक्र कुछ और था। वही उन्हें गाँव छुड़ाकर हावड़ा की अँधेरी गलियों में ले गया और उसी के भीतर कहीं अंधेपन के अदृश्य कीटाणु भी छिपे थे, जो भारत में भी उतने ही बहुतायत से पाए जाते थे, जितने पाकिस्तान में। नूर मियाँ ने उसी को चुना—न भारत को चुना, न पाकिस्तान को।

पर यह सवाल तो अब भी अनुत्तरित रह जाता है कि आख़िर गाँव छोड़कर उन्हें शहर की ओर क्यों भागना पड़ा? क्या वहाँ अधिक सुरक्षा थी? जो आँकड़े मौजूद हैं, वे इसकी गवाही नहीं देते। फिर वह क्या था, जो उन्हें हावड़ा की उन्हीं अँधेरी गलियों की ओर ले गया, जहाँ कभी वे रह चुके थे? यह वही हावड़ा था जो कुछ महीने पहले हुए दंगे में ख़ुद उजड़ चुका था और नूर मियाँ थे कि उसी उजाड़ बस्ती में रोशनी की तलाश में गए थे। मुझे नहीं लगता कि यह सिर्फ़ साम्प्रदायिक असुरक्षा थी जो उन्हें गाँव से ढकेलकर शहर की ओर ले गई थी। सचाई यह है कि आधुनिक गाँव जब भी परेशान होता है तो शहर की ओर भागता है। नूर मियाँ ने यही किया था। अब इसका क्या करें कि सारे विकास के बावजूद आज गाँव का किसान अपनी अनाज की ढेरी लिये खलिहान में बैठा है और उसी शहर की ओर ताक रहा है।

सन् 47 को याद करते हुए

तुम्हें नूर मियाँ की याद है केदारनाथ सिंह
गेहुँए नूर मियाँ
ठिगने नूर मियाँ
रामगढ़ बाज़ार से सुर्मा बेचकर
सबसे अन्त में लौटने वाले नूर मियाँ
क्या तुम्हें कुछ भी याद है केदारनाथ सिंह

तुम्हें याद है मदरसा
इमली का पेड़
इमामबाड़ा
तुम्हें याद है शुरू से अख़ीर तक
उन्नीस का पहाड़ा
क्या तुम अपनी भूली हुई स्लेट पर
जोड़-घटाकर
यह निकाल सकते हो
कि एक दिन अचानक तुम्हारी बस्ती को छोड़कर
क्यों चले गए थे नूर मियाँ
क्या तुम्हें पता है

इस समय वे कहाँ हैं
ढाका
या मुल्तान में
क्या तुम बता सकते हो।
हर साल कितने पत्ते गिरते हैं
पाकिस्तान में

तुम चुप क्यों हो केदारनाथ सिंह
क्या तुम्हारा गणित कमज़ोर है।

हीरा भाई

उन्हें कोई नहीं जानता
पर कुछ समय पहले तक
एक जीते-जागते आदमी का नाम था—
'हीरा भाई'

उस खित्ते में
जब कोई बैल होता था बीमार
'हीरा भाई-हीरा भाई' चिल्लाते थे लोग
'आवत बानी'—उतने ही ज़ोर से कहते थे वे
और उनके आते न आते
सब ठीक हो जाता था

पर न जाने क्यों
कभी-कभी हीरा भाई को आ जाता था क्रोध
एक सच्चा गहरा आदिम क्रोध
कि वे हो जाते थे ग़ायब
और कई-कई दिनों तक पशु और आदमी
सब परेशान!

पर न जाने कैसा
एक अद्भुत उर्वर क्रोध था वह
कि वे जब भी उतरते थे
क्रोध के ऊँचे दुर्लंघ्य पहाड़ से
उनके थैले में होती थी
कोई नई बूटी
कोई छाल किसी बिरवे की
कोई सितुहा
कोई घोंघा
यानी एक पूरा चरक-संहिता होता था
उनका जर्जर थैला
जिनसे मवेशी भी ठीक हो जाते थे
और कभी-कभी आदमी भी

आदमी और पशु के बीच के
अन्तिम लचकहवा पुल थे हीरा भाई।

वह बांग्लादेशी युवक जो मुझे मिला था रोम में

वह रोम की एक शाम थी

हँसी के छींटों
और चुम्बनों के ताप से भरा था पार्क
और उस छोटे से पार्क में
हाथ में फ़ुटबाल लिये
नाच रहा था वह—एक साँवला-सा युवक
कुछ गोरे चेहरों के एक छोटे-से झुंड में

नाच में फ़ुटबाल!
इस अटपटे दृश्य ने रोक लिया मुझे
'बांग्लादेशी है' मेरे इतालवी मित्र ने
इस तरह कहा जैसे नाच से फ़ुटबाल का
छन्द मिला रहे हों

ज़रूरी नहीं था
पर मैंने कुछ देर प्रतीक्षा की

और जब नाच ज़रा थमा
मैंने उसकी ओर हाथ बढ़ाया
और पूछा—क्या नाम है भाई?

'फ़ुटबाल'!
उसने पूरी गम्भीरता से कहा
फिर जोड़ा—
यहाँ मित्र मुझे यही कहते हैं
चाहें तो आप भी यही कह सकते हैं

युवक दिलचस्प है
मैंने ख़ुद से कहा
कब आये रोम—
मेरा अगला सवाल था

आया कहाँ जी—बोला वह
खोजता हुआ काम
ढाका-चटगाँव
कोलकाता-दिल्ली
जाने कहाँ-कहाँ गया
पर हूँ तो फ़ुटबाल ही
जब कुछ नहीं बना
तो एक दिन देश की हवाओं ने
ऐसी किक मारी कि वर्क-परमिट लिये-दिये
आ गिरा रोम में
तब से यहीं हूँ

मिलता है काम कभी छूट जाता है हाथ से
पर इसके भी अपने ही मज़े हैं!

इस खिलंदड़े रूपक में
एक ऐसी पीड़ा थी
कि हिल उठा मैं
'और यह'—
मैंने फ़ुटबाल को दिखाते हुए पूछा
वह हँसा—
पुकुर के जल जैसी बांग्ला हँसी
बोला—जब देश से चला
इसे भी ले लिया साथ-साथ
अब यह मेरा देश है
बस में
मेट्रो में
सड़क पर
कहीं भी रहूँ
रहता हूँ इसी में हवा की तरह
और धन्यवाद इसका
कि यहाँ इसी ने बना दिए हैं
कई-कई दोस्त
एक का जन्मदिन है
सो नाच रहा हूँ मैं
संग-संग नाच रहा है यह फ़ुटबाल भी

—कहकर वह तेज़ी से लपका

और हाथ हिलाते हुए
फिर से जुड़ गया नाच की लय से

मुझे अच्छा लगा
लय की उस गोलाई में
वह उतनी-सी जगह
उसकी प्रतीक्षा में
अब भी ख़ाली थी।